JN314808

ミネルヴァ日本評伝選

出光佐三

黄金の奴隷たるなかれ

橘川武郎著

ミネルヴァ書房

刊行の趣意

「学問は歴史に極まり候ことに候」とは、先哲荻生徂徠のことばである。

歴史のなかにこそ人間の智恵は宿されている。人間の愚かさもそこにはあらわだ。この歴史を探り、歴史に学んでこそ、人間はようやくみずからの正体を知り、いくらかは賢くなることができる。新しい勇気を得て未来に向かうことができる。徂徠はそう言いたかったのだろう。

「ミネルヴァ日本評伝選」は、私たちの直接の先人について、この人間知を学びなおそうという試みである。日本列島の過去に生きた人々の言行を、深く、くわしく探って、そこに現代への批判を聴きとろうとする試みである。日本人ばかりではない。列島の歴史にかかわった多くの異国の人々の声にも耳を傾けよう。

先人たちの書き残した文章をそのひだにまで立ち入って読み、彼らの旅した跡をたどりなおし、彼らのなしとげた事業を広い文脈のなかで注意深く観察しなおす——そのとき、はじめて先人たちはいまの私たちのかたわらによみがえってくる。彼らのなまの声で歴史の智恵を、また人間であることのよろこびと苦しみを、私たちに伝えてくれもするだろう。

この「評伝選」のつらなりのなかから、列島の歴史はおのずからその複雑さと奥ゆきの深さをもって浮かび上がってくるはずだ。これを読むとき、私たちのなかに新たな自信と勇気が湧いてきて、その矜持と勇気をもって「グローバリゼーション」の世紀に立ち向かってゆくことができる——そのような「ミネルヴァ日本評伝選」にしたいと、私たちは願っている。

平成十五年（二〇〇三）九月

上横手雅敬
芳賀　徹

出光佐三

川崎油槽所に着桟した日章丸にて（出光興産提供）

徳山製油所全景（出光興産提供）

徳山製油所のグリーンベルト（出光興産提供）

ソ連石油輸入契約に調印する佐三とグローブソ連石油公団総裁

（出光興産提供）

タンカー「出光丸Ⅰ世」（1966年12月）（出光興産提供）

出光美術館（出光興産提供）

愛知製油所（1983年）（出光興産提供）

はじめに

日章丸の奇跡

一九五三年（昭和二八）五月、出光佐三《いでみつさぞう》率いる出光興産は、イギリス系石油会社（アングロ・イラニアン〔ブリティッシュ・ペトロリウム＝BPの前身〕）の国有化問題でイギリスと係争中であったイランに、自社船の「日章丸《にっしょうまる》（二世）」をさし向け、約二万二〇〇〇キロリットルにものぼる大量のガソリン・軽油を買い付けて国際的な注目をあびた。メジャーズ（大手国際石油資本）らによるイラン石油ボイコットの包囲網を突き破って世界の耳目を集めたこの「日章丸事件」について、出光興産は、『出光略史』のなかで、次のように記述している。

「これは世界的な石油資源国であるイランと、消費地日本とを直結せんとして敢行された壮挙であって、その結果は年間数百億円にものぼる国内製品の値下がりをもたらし、消費者に多大の利益を与えた。イギリスのアングロ・イラニアン会社は日章丸積取り石油の仮処分を提訴したが、東京地裁、同高裁で却下され、出光勝訴のうちに落ちついたのである。イギリスの強圧に屈しなかった出光のこの毅然《きぜん》たる態度は、敗戦によって自信を失っていた一般国民に勇気を与えた」。

（出光興産株式会社人事部教育課編、二〇〇八、四一頁）

この文章にあるように、敗戦ですっかり打ちひしがれていた当時の日本国民にとって、連合国の中心的な一角を占めたイギリスに正面から堂々とわたりあって勝利を収めた出光興産の「日章丸事件」は、まさに奇跡的な出来事であった。日章丸の奇跡は、出光佐三を戦後の日本で最も人気のある経営者の一人に一挙に押し上げるとともに、日本経済全体の「奇跡の復興」、すなわち、一九五〇年代半ばから始まる高度成長の呼び水の一つともなった。

この「日章丸の奇跡」は、「民族系石油企業家の雄」と呼ばれた出光佐三の活躍を象徴する出来事であった。本書は、一八八五年（明治一八）に生誕し、一九八一年（昭和五六）に死去した出光佐三の九五年余の人生を、経営史、企業家史の観点から振り返ってゆく。

インタビュー記録の活用　本書では、出光興産株式会社に残されている出光佐三のインタビューの記録を積極的に活用する。インタビュー記録としては数冊の書物が編纂されているが、その中で最も整理されているのは、出光興産株式会社編『出光五十年史』（一九七〇年）である。『出光五十年史』は、社内教育用に刊行されたものであり、社外にはそれほど出回っていない。

また本書では、従来ほとんど使われてこなかった出光商会（出光興産の前身）に関わる次の資料も利用する。

・関東州満州出光史調査委員会・総務部出光史編纂室編『関東州満州出光史及口満政治経済一般状況調査資料集録』（一九五八年）。
・朝鮮出光史調査委員会・総務部出光史編纂室編『朝鮮出光史及朝鮮政治経済一般状況調査資料集録』（一九五九年）。
・上海油槽所史調査委員会・総務部出光史編纂室編『出光上海油槽所史並中華出光興産状況調査集録（原稿）』（一九五九年）。
・下関出光史調査委員会・総務部出光史編纂室編『下関出光史調査集録並に本店概況』（一九五九年）。
・博多出光史調査委員会・総務部出光史編纂室編『博多出光史並一部本店状況調査集録』（一九五九年）。
・出光興産株式会社所蔵『戦前南方勤務者回顧録（五十年史資料）』（編纂年次不明）。

これらの資料は、『出光五十年史』の編纂にあたって収集された文書データやオーラル・ヒストリーの記録である。『出光五十年史』では、これらの資料をある程度使っているが、使用の範囲は限定的であり、出典もいっさい明記されていない。

このほか本書では、出光佐三『我が四十五年間』（一九五六年）、出光佐三『人間尊重五十年』（春秋社、一九六二年）、出光佐三『我が六十年間』（一九七二年）、出光興産株式会社店主室編『出光佐三言行

録　第一巻』（一九九三年）、出光興産株式会社店主室編『積み重ねの七十年』（一九九四年）なども活用する。これらはいずれも、主として社内教育用に編纂されたものであり、『積み重ねの七十年』には出光関係者のインタビュー記録が豊富に掲載されている。

さらに本書では、出光興産株式会社人事部教育課編『出光略史』（二〇〇八年）も使用する。この書物もまた、社内教育用に刊行され続けているものであり、一九六四年の第一版から版を重ねている。本書で使うのは、二〇〇八年刊行の『出光略史』の第十一版である。

ここで紹介した書物や資料の多くは、一般には手に取りにくいものである。そこで本書では、資料紹介の意味合いもかねて、出典を明記したうえで、可能な限り直接の引用を増やすようにしたい。ただしその際、読みやすさを重視して、原典の明らかな誤記を修正するとともに、現代表記に改めることにする。

出光佐三——黄金の奴隷たるなかれ

目次

はじめに

4 資金繰りの苦労……62
「生産者より消費者へ」「大地域小売業」の実践　大地域小売業の資金繰り
第一銀行の貸付金回収と二十三銀行の肩代り融資
金融恐慌時の貸付金回収と大分合同銀行の融資継続

第五章　海外進出の本格化——一九三〇～三六年……75

1 外地重点主義と「逆転の構図」……75
外地重点主義への移行　満州における「逆転の構図」
朝鮮における「逆転の構図」の不発

2 上海への進出……80
上海支店の設置　上海進出当時の状況　中国、台湾での店舗展開

3 国内事業の動向……86
中京地区への進出　昭和恐慌時の資金難の克服

第六章　外地重点主義徹底と企業体制再編——一九三七～四一年……89

1 外地重点主義の本格化……89
石油統制の全面化　外地重点主義の徹底

目　次

図版写真一覧

第一章　生い立ちから出光商会創業まで——一八八五〜一九一一年

1　生誕から神戸高商卒業まで

出光佐三は、一八八五年（明治一八）八月二二日、福岡県宗像《むなかた》郡赤間《あかま》町で、藍問屋を営む父・藤六と母・千代刀自の二男として生まれた。

生誕と母・千代刀自

佐三は、母の千代刀自の思い出を次のように語っている。

「僕の家はまあ非常に良い家だったね。子供の時分にはわからなかったが、大きくなってよそから僕の家に嫁にきた人達が『お母さんは偉い人ですね』というのを聞いて、そうかなあと思って、考えてみると、なるほど母は偉いんだね。それに僕が気づいたのは五十ぐらいのときかな。（中略）母は出しゃばらない人なんだ、引込思案の。人の前に出ることも嫌いなような人だが、しかしちょっと確固たる精神を持っていたね。なにか問題がおこったとき、びくともしないんだね。そして英断をやる。(中略)僕の子供のときに父が僕を親類に養子にやる約束をした。ところが僕がいやだといって承知しなかったので、親類間にもんちゃくが起こったことがあるんだ。そのときの母がえらいんだ。それはね、『子供の意思を尊重せずに、養子にいけというのはいけませんから』といって断固として僕の肩をもったんだ。今の民主主義だね。それでその親類としばらく絶交みたいになったがね、それでも母は頑として押し切ったね。(中略)普段はそういう人じゃない、おとなしい人だった。(中略)そうだったけど、やるときはがんとしてやり通す人だったね。それから僕が神戸の学校へ行くときでも母がやってくれた。そして僕が神戸にいっているうちに、なにかで事業が失敗したり、親類から迷惑をかけられたりして、もう学資が出なくなってしまった。それを母が自分の貯蓄みたいなもので、僕にはひとことも耳に入れずに、無理矢理に学校を卒業させてくれたがね。(中略)そういうふうで、まあ僕は家庭的にも恵まれているわね」。

(出光興産株式会社編、一九七〇、二七頁)

確固たる精神をもって英断を下す母・千代刀自の生き方は、出光佐三の人生にも、そのままの形で受け継がれた。

精神的支柱としての宗像大社

出光佐三が宗像大社の近くで生まれたことも、特筆されるべきである。宗像大社は、現在の福岡県宗像市田島に所在しており、天照大神の三柱の御子神(田心姫《たごりひめの》神《かみ》・湍津《たぎつ》姫神《ひめのかみ》・市杵島《いちきしま》姫神《ひめのかみ》）をまつっている。佐三が人生で最大の苦境に立ったのは、一九四五年（昭和二〇）八月一五日の終戦で事業の大半を失った時であるが、次の言葉からわかるように、その時も、宗像大社の存在は、佐三の精神的支えとなった。

「終戦になって一般国民は茫然自失、混乱のドン底に陥り、神社崇敬の心を全く失っていたとき

宗像大社（福岡県宗像市田島）（宗像大社提供）

生家（出光興産提供）

にも、僕の気持はちっとも変わらず、直ちに全社員とともに会社に祭ってある宗像神社に礼拝し、皇居を遙拝し、終戦の御詔勅を奉読して、今後の心得を訓示したんだね、『敗けたのではない、戦いは終わったのである。三千年の歴史を顧みて直ちに再建に取りかかれ』と。（中略）あくまでも神の試練であると僕は信じていた」。

（出光興産株式会社編、一九七〇、七頁）

出光佐三は、宗像大社復興期成会会長として、宗像大社への支援を惜しまなかった。その支援は、佐三の没後も、出光興産によって続けられている。

福岡商業時代のストライキ

出光佐三が語った母・千代刀自の思い出のなかに出てきた「神戸の学校」とは、神戸高等商業（神戸高商、現在の神戸大学）のことである。佐三は、福岡商業（現在の福岡市立福翔高等学校）を経て、神戸高商へ入学した。

筋が通らないことを許せない佐三の性格が表れたエピソードとして、福岡商業時代の「ストライキ事件」がある。

「僕ら四年のときだな。何かの事情でそのときは、修学旅行がむずかしいときかなんかじゃな。ところがある先生からある生徒を通じて『お前達も筑後のほうに修学旅行にいったらどうだ』といわれて、われわれは喜んで行こうということになったんだ。そしたら学校から『もう行かんがよかろう』と、無責任にも簡単に取り消されたんだ。そして取り次いだ生徒も無責任な態度に出た。

（中略）『行けというといて、行くなとはなにごとか。それならわれわれはわれわれだけで行く』ということになった。それで筑後に行くのはやめて、北九州に行くことにしたんだ。そして夜の十一時頃の汽車に乗ることになったんだ。それが学校にもれて、先生が僕らの集まっている下宿にきた。そして『君らが無理に行くのなら、今年の卒業生は二、三人になると思え』というんだよ。

それがなお悪かったんだね。『なんですか、こんな学校出んでもいいですよ』ということで、話はもうのし上がってしまった。まずくまずく学校は出ているんだ。なだめりゃいいのに、高飛車に出てきたんだ。（中略）そして学校は休んで、北九州の工業地帯の見学にでかけたんだ。ところが八幡に降りて製鉄所を見学しに行ったら、学校から電報がきていて、『工場見学を許さぬように』と。こりゃちょっとひどいね。学校も悪いよ。いよいよ怒って『よし、それならもうどこも見るな、遊んで歩け』ということで、それからあとはもう、ぶらぶら歩いて門司に出て、さんざん遊んで帰った。

そうして帰ったところがね、そのとき二、三人家庭の事情で行かれぬ人があったんだ。そういう人といい出した生徒をのぞいて、ほかの者は厳罰に処せられるような情報があったんだよ。（中略）われわれはそのときは、連判状を作って血判をおしたよ。僕は初めてじゃ。血判おしたのは。みんな連判状を作って対抗するということじゃった。（中略）そうしたら、みな平等に品行点四十点引かれて、三週間の停学じゃ」。

（出光興産株式会社編、一九七〇、四五〜四七頁）

水島銕也（出光興産提供）

内池廉吉（出光興産提供）

出光佐三は、このストライキ事件のリーダー格であった。筋の通らないことが嫌いで、血気盛んな少年時代を送ったのである。

神戸高商で学んだもの

一九〇五年（明治三八）に神戸高商へ入学した出光佐三は、校長・水島銕也《てつや》の薫陶のもと、その後の彼が一貫して掲げることになる「人間尊重」の事業理念の基礎を固めてゆく。時あたかも、日露戦後のインフレが大阪財界を覆うなかで、神戸高商生の若き佐三は、以下のように考えた。

「その頃ね、社会主義というものが、ぼちぼち頭をもたげだしとるね。水島先生は社会主義は嫌いだった。それから僕らも社会主義は嫌いだったがね。けれどもいつとはなしに僕は社会主義の良いところを取っとるね。それはその金持に反対しとるということで。資本主義に反対したのじゃなくて、金持に反対した。資本家に反対したということじゃね、あとで考えると。それでその『金持がなにか、金さえあればなんでもいいなんて、そんな馬鹿なことがあるか』と、『人材養成だ』ということをいいだしたんだ。それはやはり水島先生から『人間を育てる』ことを教わって、見ているじゃろう。その体験と、大阪の戦後のインフレーション、あの金持の有様と両方見てだね、『金よりも人間だ』ということ、そういう学生時代のその出来事が、今日の出光の思想になってるんだね。『金よりは人間だ』、『人が中心だ』、『人が立派にしとればよい』と。そして『人を育てるには愛情、温情で行けばよい』と。いうことは、水島先生の行き方と、大阪財界のあり方の、外部のほうと、両方で教わって育ったんだね。実地訓練だ。それだから僕は神戸高商に在学したことは、非常に有意義だったね」。（出光興産株式会社編、一九七〇、五八〜五九頁）

神戸高商で出光佐三は、水島校長だけでなく、恩師の内池廉吉《うちいけれんきち》からも多くを学んだ。佐三は、内池から、商業の社会性について、「投機的商人は今後不必要となり、生産者と消費者の間にあって社会的責任を果たす配給者としての商人のみが残る」との教育を受けた（出光興産株式会社人事部教育課編、二〇〇八、一一頁）。この内池の教えに深い感銘を受けた佐三は、のちに、「生産者より消費者へ」「大地域小売業」「消費者本位」などの諸点を掲げ、消費者の便益を最優先させることを自らの事業指針とするようになった。

『出光略史』第十一版（出光興産株式会社人事部教育課編、二〇〇八）は、神戸高商時代の出光佐三について、次のように記述している。

「とくに大きな収穫として、ここで受けた三つの教訓がある。大阪の黄金万能の風潮に対する反発、水島校長の愛の徳育、そして内池博士の事業の社会性についての教えがそれである。

まず、第一は、神戸の学窓から成金《なりきん》続出、黄金万能の大阪財界を見てそれに強く反発し、人物本位、人間中心の信念を抱くに至った。第二に、校長の水島銕也先生が、人間は愛の手によって育つということを身をもって教えられた。先生は家族温情主義を唱えられ、若い教授や学生を実の父がその子を愛するようにいたわり、指導されたのである。そして第三は、内池廉吉先生が、投機的商人は今後不必要となり、生産者と消費者の間にあって社会的責任を果たす配給者としての商人のみが残ることを強調された。この三つの教訓が創業以来今日まで、あらゆる面で出光を特徴づける基礎になっている。『人間尊重』という経営の原点と消費者本位の石油政策は、すでにこの時期に方向づけられているのである」。（二一〜二三頁）

卒業論文での石油への注目

出光佐三は、石炭産業の盛んな北九州の出身でありながら、一九〇九年（明治四二）に書いた神戸高商時代の卒業論文『筑豊炭と若松港』のなかで石油と石炭の比較を試み、石油の経済優位性に早くから着目していた。

一九世紀後半に近代石油産業が確立し、一方、その利用技術となる内燃機関も同時期に発明された。

そして、アメリカでは一九〇八年に、自動車量産時代の幕開けを告げるT型フォードが登場した。日本でも一九〇七年に、海軍によって国内初のディーゼルエンジンが開発された。

このような時代背景のもとで書かれた佐三の卒業論文で彼は、北九州における石炭埋蔵量を約五〇年と見込み、石炭産業が将来的には衰退していくと予見した。それに対し石油については、蒸気機関に代わる内燃機関の可能性に注目し、石油需要の増大を確信していた。

佐三は、卒業論文の第五章「石炭の将来」で、「石炭及び石油の燃料としての比較」を行い、「石油が利益なる場合」として、次のような点を挙げた。

「第一　船舶に石油を用いる場合の利益
　一、労力を除くこと
　二、積み込み燃料の重量を減ずること
　三、汽缶の修繕を減ずること
　四、管理の容易なること
　五、煤と灰の皆無なること
　六、油の積み込みに時間を要すること少なきこと
　七、石炭と同屯数の石油にて遙に遠距離を航海し得ること」

神戸高商時代の佐三
（出光興産提供）

「第二　工場に石油の場合の利益
一、必要なる火夫の数に於いて百分の七十五の減少なり
二、貯蔵所に入れ又は出すに極めて迅速に取扱い得
三、初め燃焼するに当たり速やかに引火し得。従って熱を作ること早きをもって蒸気の上がるも速やかなり
四、作業を終わるに当たり消火するに時間を要せずして可なり
五、必要に応じ如何様にも火焔を整え、又その火焔の方向を任意に変じ易きをもって、炉釜内を一様且つ完全に燃焼せしむることを得
六、全くの煤煙の上がらざること
七、燃用中と言えども室内その他を清潔ならしむることを得。即ち石炭の如く粉末及び汚塵を生ぜざるなり
八、鎔屑火塊灰塵等を残留することなく、延て火災その他の危険を甚だ少なからしむ
九、取扱者の熟練を要すること大ならず。石炭を用いる時は汽缶の操縦上、機関手及び火手の頭脳に待つ所大なるも、石油の場合は一挙一動、機械的にして特に熟練及び頭脳を要することと大ならず
十、石炭に比し有害作用を与えること大ならず。又汽缶の年数を長くす」

一方で佐三は、「石油燃料の不利益なる場合」として、次のような点にも言及し、目配りを怠らなかった。

「一、危険に対する設備の必要
　石炭使用にも自然の発火あり、重油においても常に発生する瓦斯の爆発することあり。然してその危険は石炭に比し一層大なり。故にこれらの予防に対する設備困難なり。
二、油槽構造の費用
　堅牢なる油槽を設りて漏出を防がざるべからず。
三、燃焼装置の費用
　特別の費用を要す。
四、供給の不確実
　これその最大の欠点にして供給の不充分及び不確実なるは、今日石油を燃料として充分に依頼能わざるなり。」

そのうえで、「燃料としての優劣は以上述べたる所によりて、種々なる点に於いて重油の石炭に勝れるを発見したり」、という最終的な結論を導いたのである（以上、出光興産株式会社店主室編、一九九三、一五六〜一六一頁）。

学生として書いた卒業論文のなかで、すでに、石炭に対する石油の経済的優位を看破したことは、出光佐三の先見性を如実に示している。のちに事業対象として石油を選んだ原点は、この先見的な卒業論文にあったと言うことができる。

2　奉公と独立

酒井商会での奉公

一九〇九年に神戸高商を卒業した出光佐三は、周囲の驚きをよそに、従業員わずか六人の神戸の個人商店、酒井商会に、丁稚として入店した。石油機械油と小麦粉を販売する酒井商会に奉公するようになった経緯について、佐三はこう説明している。

「僕は神戸高商に入る前は、外交官になるつもりだったんだ。そしてそのことを親父に話したところが止められたので、外交官を思いとどまって、丁稚奉公をしたわけだ。初めは神戸の鈴木商店に入るつもりで、水島校長に話したら、校長は『そんな店はどこにあるか』といっていたが、それでも捜して口をかけてくれたんだ。ところが返事がなかなかこない。そこでやむなく、酒井商会に頼んで使ってもらうことになったんだ。そう決まってから、鈴木商店から『入ってくれ』といってきたが、そのときはもう遅かった」。

（出光興産株式会社編、一九七〇、六三〜六四頁）

この文章に出てくる父・藤六の説得とは、「外交官がどのようなものか知っているか。政府の命令一つで、あっちこっちに飛ばねばならぬ。そのような外交官に自分というものがあるか。男と生まれたからには、自分というものを立て通さねばならぬ。それは商売をやるのが一番だ」（出光興産株式会社編、一九七〇、六二頁）、というものであった。

出光佐三が酒井商会に奉公していたころ、父・藤六の藍問屋の経営は破たんに追い込まれた。佐三によれば次のような状況だったのである。

「その時分僕の両親兄弟は家業の失敗で、赤間を出て戸畑に住んでいたんだ。というのはね、それまで父が相当手広くやっていた藍商売が、その頃入ってきたドイツ染料に押されて、紺屋に貸した金も取れない。また親父が親類の借金を保証して、その借金を背負い込むというようなことで、郷里に持っていたものをすっかり手放して、一家は戸畑に出てきていた」。

（出光興産株式会社編、一九七〇、六四～六五頁）

日田重太郎の独立支援

出光佐三にとって神戸時代は、生涯の恩人・日田重太郎《ひだじゅうたろう》と出会ったという点でも、忘れえぬものとなった。

先に紹介した、佐三の外交官志望を断念させた父・藤六の言葉は、商売人として独立することを強く推奨していた。その佐三にとって、独立の機会は意外に早くやってきた。その機会とは、神戸高商

日田重太郎と佐三
（1956年３月）（出光興産提供）

在学中に知遇を得た淡路の資産家、日田重太郎から、独立資金として六〇〇〇円の提供を受けたことである。

日田は、かつて子供の家庭教師をしていた出光佐三の将来性を見抜き、「この青年は将来、きっと何事かをやりとげる男だ」と確信して、「この金は君の心持にあげるのだから返すに及ばん。むろん利子なんか要らん」、と申し出たと言われている（高倉秀二、一九八三、一〇一～一〇二頁）。その間の経緯について、佐三は、以下のように振り返っている。

「日田さんは私より十歳くらい年長で三十六、七歳、元来淡路の人だが、当時神戸に住んでおられた風雅一点ばりの人だった。私は二年前に神戸高商を卒業して、独立自営を目ざして、神戸の酒井商会に丁稚奉公していた。おりから郷里の家運が傾いて、自営の資本など思いもよらず、煩悶していたらしい。

日田さんは、突然私に話しかけられた。京都の家が売れたから、その金を君にあげる、それで宿願の独立自営を始めたらどうだ。あげるのだから返すにはおよばぬ、もちろん利子はいらぬ、営業の報告などせんでよい。ただ一つの注文は、家族みんな仲よくして、主義を貫徹してもらいたい。

私は夢かとよろこんだが、世間の誰も信じなかった。しかし間もなく、私は京都の登記所で八千円受け取って、六月二十日に門司で油屋の主人となった」。（出光興産株式会社編、一九七〇、六六～六七頁。出光佐三は、八〇〇〇円をいったん受け取ったのち、二〇〇〇円を日田重太郎に返金した。）


日田重太郎から資金的援助を受けた出光佐三は、神戸高商を卒業してから三年後の一九一一年に独立し、北九州の門司《もじ》で、石油類の販売に携わる出光商会を創設した。

佐三は、神戸時代の自分について、「私は在学中、父から独立の尊さを聞かされ、水島校長から、教と育についての呼吸を教えられ、酒井商会の主人から力闘の体験を与えられ、独立自営に当たって、日田さんからさらに人間尊重、相互信頼の禅味を味わわせられた幸運児である」（出光興産株式会社編、一九七〇、六七頁）、と記している。

第二章　初期の需要開拓──一九一一〜一五年

1　直売方式で開店

出光商会の開店

出光佐三は、神戸高商を卒業してから二年後の一九一一年（明治四四）六月、北九州の門司で、石油類の販売に携わる出光商会を創設した。弱冠二五歳であった。

出光商会の本店兼事務所は、福岡県門司市東本町一丁目（門司市大字門司字馬場三一〇二ノ三二九）に置かれた。鎮西橋近くの二階家で、二階は居室にあて、階下前半分を事務室とし、その内部には机とイス数脚、隅に機械油の見本瓶少々のみを並べた、すこぶる簡素な店であった。

店に入ってまず目につくのは、正面かもいに掲げられた、神戸高等商業水島銕也校長が揮毫した「士魂商才」の横額であった。出光商会の本店兼事務所は、一九一三年（大正二）、門司市東本町二丁目に移転した。そこでも、水島校長の「士魂商才」の額は、店の一番目立つところに掲げられた。

創業当時の佐三
（出光興産提供）

日本石油の特約店として機械油を販売

出光佐三は、出光商会を開店するにあたり、創業前に勤めていた酒井商会で面識のあった日本石油大阪支店の谷川湊（後に日本石油下関店長）を訪ね、日本石油の特約店として機械油（潤滑油）販売の許可を得た。谷川は、当初、出光佐三に、慣れない潤滑油の販売を考え直すよう説得した。しかし、灯油の特約店に空きがあるわけではなく、佐三の決意が固いのを見て、「機械油を売ってこの事業で成功すると思うな。しかし、それをある点まで漕ぎつける人ならば、何をやっても成功する。試金石のつもりでやれ」と助言し、特約店となることを許可したという（出光興産株式会社編、一九七〇、八一～八二頁）。

こうして出光商会は門司に店を構え、まずは北九州筑豊の炭鉱を回り、潤滑油の販売に着手した。しかし、炭鉱での販売はほとんど成果が上がらなかった。最初の得意先となったのは、戸畑の明治紡績という合資会社だった。明治紡績では、日石の製品をそのまま納入するのではなく、エンジンに合わせてスピンドル油を配合したことが相手先の目にとまり、納入の決め手となった。出光佐三は、ここで潤滑油の仕事のコツを摑んだという。佐三はのちに、この点について、次のように回顧している。

「潤滑油はやった事がなく、ズブの素人であるから機械を見ても何だか分らない。油の見本を沢山揃えて之は何の油と云うように覚えたが、実際には役に立たない。二、三の試験機械を買って色々と自分で試験をやって見た。

油を実際に使っている現場を見る為に明治紡績に行って頼んで大型スチームエンヂンのエンヂンルームにはいって一週間機械の動くのをじーっと見ておった。

そうすると技手が私に同情して説明してくれる。一週間やって油と機械との関係がやゝわかって来た。今度は紡績工場のスピンドルを見た。それで重い物と軽い物との両極端の機械に直面して理屈ぬきの勘と云うものが出来てきた。これは如何に実地に努力することが大切であるかと云うことで、その后種々の場合にこの実地の勘が色々の糸口を見つけるのに役立った」。

（下関出光史調査委員会・出光史編纂室編、一九五九、一二～一三頁）

明治紡績に次いで、神戸の鈴木商店系の大里製粉所、三菱、住友の炭鉱の一部、下関の山神組が、出光商会の機械油の顧客となった。しかし、なかなか、事業として成り立つ程度の売上にはならなかった。

直売方式の採用

明治時代後期の日本では、ランプの燃料や潤滑油について、伝統的に使われていた植物油に代わって、石油が使用されるようになった。それにつれ、江戸時代からの油問屋が姿を消し、植物油とともに石油やランプなど関連製品を扱う新興の油問屋が誕生した。

創業時の初荷（門司東本町）（出光興産提供）

創業10周年当時の店員（出光興産提供）

一般的に言って、明治時代末期の日本では、仲介業者の卸問屋が絶大な力を持ち、資金力にモノを言わせ、今日と比べ、消費者の立場が顧みられることはあまりなかった。
そこで出光商会は、投機思惑や中間搾取を排し、生産者と消費者の間に立って、両者の便宜を図る「生産者より消費者へ」という、独自の営業方針を採用した。この直売方式の採用は、出光佐三が神戸高商で内池廉吉教授から受けた教えを実践に移したものであった。

2　漁船、満鉄への売込み

漁船用燃料油の販売

創業三年目の一九一三年（大正二）、出光商会は、漁船用燃料油の販売を開始した。日本石油の特約店として販売テリトリーに制限を受けていた出光商会は、下関で朝鮮半島沿岸の漁獲物を発動機船で運搬する事業が新たに興ったのを好機ととらえて、漁船向けの燃料油販売に取り組んだのである。

漁船用燃料としての軽油の需要拡大については、一九一五年四月八日付の『門司新報』が、「発動機船と軽油」と題する記事のなかで、以下のように報じている。

「我漁業者にして鰹、秋刀魚等の漁業に発動機船を利用することは疾くより行はれたる所なるが明治四十二年以后に於ては其勢い殊に顕著にして年々非常の進歩を為し、昨年中に於て総隻数千六百七十四を算するに至り（中略）本年は更に四百三十三隻を増加して二千百七隻に上れり。（中略）此発動機船流行の原因としては経験を積むに従って船形の大小其他企業上の設計に於て漸く正鵠を得るに至れること及其利用に於ては当初殆んど鰹漁に限られたるを以て僅かに夏期中使用するのみにして余は全く資本を死蔵するの状況なりしが、近来は秋刀魚は勿論鮪漁にも使用さるゝに至れること等は其有力なるものなるが、一層直接なる原因は動力なる軽油の廉価なるものゝ如く、本年に於てはサクソン瓦斯の使用を止めて軽油を使用するの方法を取るものゝ増加せりと云うは其間の消息を伝うるものと云う可し」。

この記事にあるように、軽油の廉価な供給は、発動機つき漁船急増の直接的原因となったのである。当初、発動機船の燃料には灯油が主に使われていたが、出光商会は、灯油の半値に近い軽油へ、さらにはいっそう安価な未洗い軽油へと切替えを進め、需要家の便宜を図り、取扱量を拡大していった。一九一四年には、下関を拠点としていた山神組（日本水産の前身）所属の全漁船をはじめ、大口需要家の発動機船の大部分に燃料油を供給するにいたった。

漁船用燃料油の販売に関して、出光商会が打ち出した新機軸は、計量器付き配給船による中味給油であった。この点について、佐三は次のように回想している。

「その頃は、油は缶に入れて渡すじゃろう。塩水かぶって缶は真赤になって帰ってくる。これはもったいないじゃないかとは誰でも当然考えることで、それで中味給油をやろうと。（中略）とにかく船の中にタンクをつくりゃいいんだろう。（中略）タンク船をつくって、中味給油をやろうと。そうすると今度は計量器の問題、度量衡法によって計量器はプライベートなものは許されぬのじゃ。それだけど君、普通のあの桝を置くわけにはいきゃせんだろう。それから四角なものは、船が揺れるから駄目だろう。それであのこま型のものをつくって、横にガラスのパイプを置いときゃね、いくら揺れたって違やせんわね。（中略）

発明してやったけど、市役所から『計量器法違反だ』といってきたんだ。『違反だというたって、これより方法はないじゃないか』と。それでこれを市役所が調べて、まあ悪意じゃないからよかろう、ということになって許されたのが、今の計量器さ。その時に特許でも取っとりゃ、大したものだ。あれ以外にはないらしい。全国あれだね」。（出光興産株式会社編、一九七〇、九〇頁）

海上に販売区域制限なし

また、下関で営業活動する出光商会に対し、他の特約店から、日本石油を通してクレームがつく場面もあった。それに対して、出光商会は「海上に販売区域制限はないはず」と反論した。給油は軽油を海上まで運んで行っていたが、出光佐三本人も認めているように、実際にはこの反論は、苦し紛れの弁明に近いものであった。また、出光商会は、灯油ではなく倉庫に余っていた軽油を売っていたのであり、軽油の需要開拓の功績も認めてほしいと、日本石油側に迫った。「それでは出光は海賊ということにしておこう」という日本石油下関店・谷川店長（前出）の計らいで、この件は、結局不問となった。それは、事実上、出光商会の下関での燃料油販売を認めることでもあった。

この一件について、出光佐三は、次のように語っている。

「出光が下関の漁船向け販売に手を出したらね、そしたら日本石油からね、あの頃は販売区域があるんだ。それで『下関は出光の区域じゃないが』という。『じゃないがというたって、海上には区域がないじゃないか』というわけ。苦しまぎれに、ひょこっと出た言葉だがね、あれは。『海上に区域はないじゃないか』と。それで『海賊か』というようなわけ。それで出光は海賊ということになった」。

（出光興産株式会社編、一九七〇、八九頁）

トロール船への燃料販売

出光商会が下関に倉庫を設置したのは、一九一五年（大正四）のことである。それから三年後の一九一八年に、出光商会は下関倉庫内に事務所を開設した。当時の出光商会の漁船用燃料の販売先は、運搬船については山神組、日本水産、香椎漁業、日鮮組、トロール船については共同漁業、西宗、明治漁業、その他については東洋捕鯨などであった。

トロール船とは、海底や特定の深度をさらうトロール網を使用する漁船のことである。出光商会は、トロール船への燃料油販売を、下関より前に博多で開始した。出光佐三は次のように述べている。

「博多が初めだ。そのトロール船と漁船両方に販売した。博多のトロール船というのは相当大きかったよ。そしてその頃は、経費を使わないことと、そして漁船売りは海岸のそばじゃないといかんじゃろう。それだから海岸のそばの、なんか倉庫の壁の横にトタン葺の屋根をはって、二坪か三坪ぐらいだろうね、机二つも置けばいっぱいになるような店（中略）それで夏になると、暑くてとてもおれぬから、ゴムホースでトタンの上へ水をまくというんだ。そういうところにおったね。えらいところにおったよ。で、その横に倉庫がある。そこは岸商店あたりが先に借りとるじゃろう。こっちはあとから出ていったんだから。最初はそのトタン葺の小屋におって、その次に店らしい店に替わったが、出光が最後には一番大きくなっとるわね」。（出光興産株式会社編、一九七〇、九七頁）

満鉄への車軸油売込み

出光商会は、日本石油の特約店であったため、国内での販売区域を制限されていた。このため、活路を求めて、早くから海外市場へ目を向けた。一九一二年（明治四五）、日本石油に良質の車軸油が大量に余っているのを知ると、それを南満州鉄道（満鉄）へ売り込むことにした。

当時の満州（現在の中国東北部のこと。本書では、出光商会が用いた当時の呼称にしたがい、「満州」という言葉を使用する）では、日露戦争後にロシア産の石油が後退し、スタンダード社、アジア石油（シェル系）、テキサス石油の英米系三社が市場を独占していた。とくにスタンダード社は、満州市場で絶大な力を持っていた。日本の石油製品は、輸送費や関税、品質規格などの面で不利な条件のもとにおかれ、日本の石油業者は、満州進出に二の足を踏んでいた。

満鉄では、機関車や客車、貨車をアメリカから輸入して運航しており、そこで使用する潤滑油についても、すべてアメリカ製品が使われていた。そこで出光商会は、日本石油製品をベースにして満鉄で使われている車軸油に近いものを作り、分析試験をしてもらうよう、満鉄の各方面に働きかけた。そして、二年にわたる分析試験、実施試験の結果、使用に差し支えないことが判明すると、次の見積もりの段階で出光商会は、スタンダード社の納入価格の半値を提示した。これが、満鉄サイドに出光商会の営業努力を強く印象づけることになり、満鉄内部に、出光商会の機械油を積極的に使用しようとする動きが生まれた。こうして出光商会は、一九一四年（大正三）、満鉄への車軸油（潤滑油）納入を開始した（関東州満州出光史調査委員会・総務部出光史編纂室編、一九五八、一七～二三頁、出光興産株式会社編、一九七〇、一〇二～一〇四頁）。

出光佐三は、満鉄が出光商会の車軸油を購入するに至った経緯について、次のように回顧している。

「僕は先づ分析試験を頼み次に実地試験を迫つた訳だ。そして各支線を限定してやつて貰つた。それが撫順線だ。其実地試験を頼むのに余りに僕が熱心にやるもんだから満鉄の技師の人が満鉄の沙河口工場にある油の試験工場を僕に提供して呉れた。其工場には総ゆる試験機械があるけれども一つも使用されて居ない。埃塗れになって放任されて居た。それを技手も一人つけて提供されたからそれで大体機械に依る実地試験をすました。其処で幸に大体の良い試験成績を得た訳だから撫順線で実地試験をした。そして外国品と対等の成績を出した。

それでまあ幾らか買つてやろうと云う事になつた」。

（関東州満州出光史調査委員会・総務部出光史編纂室編、一九五八、二二一～二二三頁）


出光商会は、満鉄への潤滑油納入を足がかりとして、石油類のほかにセメントや火山灰、機械工具なども取り扱うようになり、一九一六年四月には、国内外を通じて初の本店以外の店舗となる大連出張所を開設した。

第三章　海外への進出——一九一六〜二三年

1　満州への進出

大連出張所の開設

出光商会の大連出張所は、一九一六年（大正五）、南満州鉄道（満鉄）の事務所に近い、路面電車が走る藍部通りに開設された。レンガ造りの二階屋で、一階の土間を事務所とし、二階の一部屋を寝泊りに使っていた。初代出張所長は、出光佐三の兄・雄平が務め、出張所長のほか二人の日本人店員と、日本語ができる中国人スタッフ、それに賄いの女性が一人という陣容であり、そのほか現場の指揮者として、旭組から二人のスタッフが来ていた。出光雄平出張所長は、軍隊召集時に小倉の十二師団の一員として、満州で弾薬や食糧を運ぶ仕事を経験しており、満州の地理や気候風土に馴染みがあった（関東州満州出光史調査委員会・総務部出光史編纂室編、一九五八、一二三〜一二六頁など）。

出光商会大連出張所は、満鉄への納入を足掛かりにして、一般販売も開始し、南満州一帯に地歩を固めていった。大連出張所の店員の一人（高野）は、支店開設当初の営業活動の苦労について次のように振り返っている。

「命ぜられたのはマシン油の油房売込方であった。暇さえあれば油房廻りである。大連市内数十に余る油房は埠頭の日清製油工場を除いて全部支那〔中国〕人の経営である。汽缶方の御気嫌をとりながらの売込は近商組、岸洋行、原田洋行、福昌公司其他の同業者入り乱れての競争に骨が折れた。

出光商会《チュウコワンシャンホイ》大いに張切ってやったもの、油房地帯の砂塵濛々は到底想像も出来ない、年中毎日のことでその中を自転車で駈け廻るだけでも重労働以上の重労働であった。全く無駄な事とは思っても正月元日同業者に張合って砂塵の中の油房回礼は何の因果ぞと恨んだものである」。

（関東州満州出光史調査委員会・総務部出光史編纂室編、一九五八、二二四〜二二五頁）

出光商会の海外事業の時期区分

大連出張所の開設は、出光商会の海外進出の第一歩となった。それ以後、出光商会は、事業の重心を徐々に海外へ移していった。

一九一一年（明治四四）に創業した出光商会は、四〇年（昭和一五）三月に設立した関係会社・出光興産に第二次世界大戦後統合され、四七年一一月に消滅した。この間、出光佐三は、出光商会の店主を一貫してつとめた。三七年間にわたる出光商会の歩みを、海外事業の展開という観点から時期区分すると、次のようになる。なお、表3－1は、出光の海外における店舗の開設および廃止を一覧したものである。

(1)一九一六年（大正五）の満州における大連出張所開設を足がかりにして、満州以外の中国、シベリア、朝鮮、台湾へと事業進出した一九二二年までの時期。
(2)海外での店舗開設を行わなかった一九二三～二九年（昭和四）の時期。
(3)外地重点主義をとるとともに、海外事業の重点を満州と満州以外の中国に移した一九三〇～三六年の時期。
(4)外地重点主義を徹底し、満州以外での中国における事業活動を活発化した一九三七～四一年の時期。
(5)太平洋戦争下で既存の海外事業が苦難に直面する一方、南方に進出した一九四二～四五年八月一五日の時期。
(6)敗戦により、すべての海外事業・資産を喪失してから、出光興産へ統合されるまでの一九四五年八月一五日～一九四七年の時期。

本書では、(1)の時期をこの第三章で、(2)の時期を第四章で、(3)の時期を第五章で、(4)の時期を第六

表3-1　出光の海外における店舗の開設と廃止（1911～47年）

年	設置店	廃止店
1916	［満州］大連	
1919	［中国］青島　［シベリア］浦塩	
1920	［朝鮮］京城	［シベリア］浦塩
1922	［台湾］台北，基隆	
1924		［中国］青島
1930	［台湾］高雄	
1931	［朝鮮］清津，南鮮	
1932	［台湾］蘇澳，台中	
1933	［満州］奉天，哈爾浜	
1934	［満州］新京，斉斉哈爾　［朝鮮］仁川	
1935	［満州］錦州　［中国］上海	
1936	［満州］牡丹江　［中国］天津，福州，廈門，青島	
1937	［台湾］新港　［満州］鞍山，佳木斯	［中国］福州
1938	［台湾］台東　［中国］北京，張家口，大同，厚和，南京，蘇州，鎮江，漢口，広東，芝罘，済南，徐州，石家荘，新河	
1939	［満州］満州出光興産（新京）［朝鮮］江陵 ［中国］中華出光興産（上海），海州	
1940	［台湾］台南　［満州］安東　［中国］無錫，揚州，蕪湖，蚌埠，杭州，九江，唐山，泰皇島，太原，汕頭，開封，商邱，包頭，石門	
1941	［朝鮮］釜山　［中国］陽高	［朝鮮］南鮮　［中国］石門，揚州
1942	［朝鮮］開城　［中国］嘉興，常州，常熟，新郷	［朝鮮］江陵　［中国］新河
1943	［中国］香港	［台湾］台南
1945		朝鮮・台湾・満州・中国の全店

出所：出光興産株式会社人事部教育課編（2008），98～104頁より作成。

章で、(5)の時期を第七章で、(6)の時期を第八章で、それぞれ掘り下げる。

満鉄向け二号冬候車軸油の開発

出光商会の大連出張所は、満鉄への潤滑油納入を足がかりとして、石油類のほかにセメントや火山灰、機械工具なども取り扱うようになった。大連出張所はやがて大連支店に改組されたが、大連支店の事業拡大にとって大きな意味をもったのは、満鉄向けに「二号冬候車軸油」を開発したことである。

極寒の地・満州では、車軸油が凍結して貨車の車軸が焼き付けを起こすトラブルが続出し、満鉄の経営に大きな打撃を与える状況が続いていた。一九一四年（大正三）に満鉄への車軸油の納入を開始した出光商会は、一九一七年に耐寒車軸油である「二号冬候車軸油」の見本三〇〇缶を、満鉄に提出した。しかし、満鉄からは一年たっても何の音沙汰もなく、問い合わせてみても、用度の担当課長が交代していて埒があかなかった。満鉄では、外国石油会社製の車軸油の在庫を抱え、それを優先的に使用していた。

ところが、一九一八年新春に数百両の満鉄貨車の車軸が焼損する事故が起こり、当時の金額で三〇〇～四〇〇万円の損害が発生したため、満鉄から出光商会が呼び出されることになった。出光商会は、長春で行われた極寒地での実車試験に参加した。テストに使用された車軸油は、ヴァキューム社製、スタンダード社製、出光商会が従来から納入していた普通冬候油、それに出光商会が見本として持っていった「二号冬候油」の四種だった。テストでは、二号冬候油のみが完璧な状態で機能し、対照的にヴァキューム社の製品は最悪の結果であった。

その実車試験の経緯と結果について、出光佐三は、次のように回顧している。

「満鉄は貨車の車軸を大部分焼いてしまった。丁度冬は大豆の輸送期で大豆の輸送が止ってしまった。其時運賃の損害が三、四〇〇万円、間接の損害は大したものだ。満鉄は非常な攻撃を受けた（中略）それで長春でいろいろ油の試験をした結果よからうと言う事で今度は実際試験し様と云う事になって機関車を出し四ツの車軸に違う油を注油した。一つはヴァキュームの其の焼けた油、スタンダードの以前使って居た上等の油、一つは出光の普通冬候油、一つは今持って行った見本、四通り違う油を積んで夜中に公主嶺迄引張って行って帰って来た。朝早く一同が行って実際を見た処がその結果はヴ社の油は中の羊毛が車軸のボックスから飛出して中が空っぽの油が滲んだウールが飛出して居たから焼けるのは当然だ。次にス社のは半分はみ出して半分ボックスの中にあった。出光の普通冬候油は車軸の下からボックスの中へ半分位出て未だ焼けはしないが将来は焼ける。見本の現在の冬候油〔二号冬候油〕これは車軸の下にキッチリ嵌って少しも移動して居ない完全状態にあった。こんなに明瞭に成績の出て居たのは珍らしい、これはもうその油に限ると言う事に実際問題から決定した」。

（関東州満州出光史調査委員会・総務部出光史編纂室編、九九～一〇〇頁）

外油二社は、以前から車軸油の凍結を防ぐため、満鉄に対して、ボックスカバーを強く締め付けるよう提案していたが、油そのものの性能には言及していなかった。右記の試験結果により、出光商会納入の二号冬侯油を満鉄が全面的に採用したのは、当然の成り行きであった。

一九一六年に大連出張所が開設されたとき、出張所長として赴任したのは、出光雄平であった。大連出張所は一九一八年一月に大連支店に昇格したが、その際、矢野元が初代支店長に就任した。満鉄が出光商会の二号冬候車軸油の採用を決めたのは、大連支店昇格の直後の出来事であった。

支店に昇格した時点で出光商会大連支店は、揮発油・石油・機械油・鍛鋼・鋳材・特殊秩父電線・電気医療器械・セメント・カーバイド・火山灰・空き缶・箱材などを取り扱い、日本石油・森岡平右衛門鉄店・唐津電気製鋼・秩父電線製造所・酒井医療電気器械製造所などのメーカーの代理店でもあった。販路は、大連を中心に拡大し、奉天、長春、ハルピンなど満州奥地にまで及んだ。第一次大戦終結後の戦後ブームのもとで、大連支店の事業規模は急拡大をとげ、一九一九年度の売上高は三五〇万円に及んだ（以上の点については、関東州満州出光史調査委員会・総務部出光史編纂室編、一九五八、二七～三〇頁参照）。

中国北部・シベリアへの進出

一九一九年（大正八）、出光商会は山東省の中心都市である青島《チンタオ》に支店を設け、満州に次いで中国北部へ進出し、当時日本の管理下にあった山東鉄道に潤滑油を納入した。青島は、極東におけるドイツの拠点であったが、第一次世界大戦で日本軍が攻略し、一時的に日本の管理下に入っていた。

同じ一九一九年に出光商会は、シベリアの浦塩（ウラジオストク）に店舗を開設した。しかし、浦塩の店舗は、翌一九二〇年に閉鎖された。

2 朝鮮・台湾への進出

朝鮮半島への進出

出光商会の東アジアでの販路拡張は、日本の植民地であった朝鮮や台湾でも繰り広げられた。出光商会は、大連、青島、浦塩で店舗を開設したのに続いて、一九二〇年（大正九）には京城《ソウル》支店を設置した。

日清戦争と日露戦争を経て、欧米列強に朝鮮半島の支配を認めさせた日本は、一九一〇年（明治四三）、韓国を併合した。この「日韓併合」により、日本の植民地となった朝鮮では、日本政府の出先機関である朝鮮総督府による軍政が敷かれることになった。

日本の植民地となってからも、朝鮮の石油市場では、スタンダード社とライジングサン社（ロイヤル・ダッチ・シェル傘下の石油会社）が各地に組合を組織し、全土に強力な販売網を築いて、約八五％のシェアを有していた。外油両社の市場支配を可能にしたのは、朝鮮植民地固有の特別関税制度の存在であった。外油両社は、特別関税制度により輸入税を免れていたため、日本の石油業者が、朝鮮の石油市場で両社と対抗することは、価格面からきわめて困難であった。このため、日本石油をはじめとする日本の石油業者は、朝鮮進出をためらっていたのである。

この特別関税制度が存在した理由は、「日韓併合」の際、朝鮮総督府が、諸外国との軋轢を避けるため、従来の税制を一〇年間踏襲する方針をとったことに求めることができる。併合から一〇年後の一九二〇年（大正九）には、内地の関税定率法が適用されることになったが、朝鮮総督府は、当時の朝鮮の産業、民生の状態を鑑み、また、イギリスの要請を受け入れて、石油（礦油）・塩・コークス・馬・めん羊・煙草・木材の七品目に関しては、従来同様、無税、または無税に近い特例税率を設定して、輸入を保護し続けた。

出光商会は、外油が市場を独占し、価格を吊り上げている状況を突いて、まず朝鮮鉄道局にくい込み、満鉄で納入実績のある「一号冬候車軸油」の納入に成功した。そして、それを足がかりに、朝鮮北部の製材所や朝鮮南部の精米所、船舶向けに潤滑油、軽油の販売を手がけるようになった。また、台湾の原油から生産された揮発油を、内地を経由しないで直接輸入し、それを販売することにも成功した。

朝鮮市場へ進出した理由について、出光佐三は、以下のように説明している。

「朝鮮で一つ僕が不思議な感じを持ったことがあるんだよ。それはね、日韓合併のときに、日本は英国の申し込みによって条件がついて、石油は日本の関税からはずされとるんじゃ。内地には石油輸入税が加わるだろう。ところが朝鮮は石油に対しては輸入税を課さないという法律がある。その理由は、朝鮮は石油は出ない、それでもし輸入税を課せば、それだけ税金が消費者に転嫁される。消費者がそれだけ高い油を使わなければならないじゃないか、それではいけないと。それで産地でない朝鮮には、無税で石油を輸入する。全然無税じゃない。少しはかかっとるようだったがね。と

ころが、これを実際から見るとそうなっていないんだ。（中略）

関税がほとんどかかっていないにもかかわらず、高く売られているんだよ。これはどういうことかというと、スタンダード、ライジングサン石油あたりが独占しておって、高く売っておるということだ。それで、独占されている事実はどんなところにあるかというと、（中略）各地で、金持を集めて組合を組織させるんだよ。京城は十人とか、元山は七人とか、平壌は七人とかいうようなふうに、その土地の金持をピックアップして組合をつくらせて、そして販売させ、その組合に戻しをやって、もし他の油を売ったりすりゃ、戻しをやらんという制度になってるんだね。（中略）

満州あたりはそうはいかんから、満鉄を押えて遠距離に行くほど運賃をリベートする契約をしたんだ、スタンダード石油が。それで満州はスタンダードが独占している。支那は、これは鉄道を独占するわけにもいかなきゃ、金持を独占するわけにいかぬから、港湾を独占して、そして危険地帯を限定して、そこの許可を誰にもやらぬことにして荷揚げで独占したんだ。それだからわれわれが石油を支那に持って行ったときに、荷揚げする場所がない。危険品倉庫がないから。そういうことで、あらゆる手段を講じて独占の形をとっている。

朝鮮は、（中略）金持を利用することによって市場を独占し、そして油を高く売っているんだ。要するに競争者がないということだ。それでここに出光が出て競争したいが、それには関税を課してもらわなければ競争ができない。内地からくるものは同じ日本だから移入税を課さない、外国から入るものは関税を課すると、ちょうど日本本土と同じ立場に置け、そうすると本土なみに下がる、というのが僕の議論だ」。

（出光興産株式会社編、一九七〇、一一二〜一一三頁）

この文章からわかるように、出光佐三率いる出光商会が朝鮮、満州、中国へ進出した理由は、欧米大規模石油会社による市場支配を打破することにあった。佐三は、神戸高商の内池廉吉教授から学んだ「生産者より消費者へ」「大地域小売業」「消費者本位」などの事業指針を、海外においても積極的に実践したのである。

台湾への進出

出光商会は、京城支店設置から二年後の一九一二年（大正一一）の二月に台北支店を開設し、台湾市場に進出した。台湾は、日清戦争後の一八九五年（明治二八）の下関条約で日本の植民地となり、台北支店開設時までに製糖業の発展など工業化が進行していた。台湾の石油市場は、明治末期まで、地理的条件もあって外油の手に委ねられていたが、その後、関西や関門から日本製の石油製品も入るようになり、また現地生産品も出回るようになった。また、日本石油は、台湾苗栗《ビョウリツ》油田をもち、苗栗鉱業所で製品化して、島内で販売していた。

出光商会は、基隆《キールン》での漁船向け販売を手始めに、台湾各地に販路を開拓していった。外油の販売力は、台湾が日本の植民地化した後でも強かった。また、出光商会の取扱い商品と、日本石油の現地生産品との間に軋轢が生じることもあった。それでも出光商会は、内地からの運賃の低減を図り、他社と競争して売上を伸ばした。

台湾での初期の事業展開について、出光佐三は次のように述懐している。

「台湾は、なにかその石油協定のようなものがあって、それからいうと、香港の管轄なんだ。〔中略〕外油会社があって、日本石油との協定が。それだから、どういう事情かそいつは忘れたが、日本から何かやると、協定違反みたいなことで、外油からやかましくいうてきて、やれんのじゃ。それで、僕が、谷川〔谷川湊〕さんが大阪の日石販売店長であった時分、そこに建白書みたいなものを出したんだ。『それは君、議論からいえば堂々としているけれども、政治的にそのようなことはいかん』というようなことだったんだね。それでも、それがやはりしまいには、ものをいうとるわね。『台湾は日本の領土だから、経済的にも日本に入るべきものじゃないか』というのが僕の議論なのでだ。それで、しまいにはそうなっとるね。そうなって、堂々と台湾でやるようになったんだ。

なにかそういうふうに根本的な問題を打ち破って、いろんなことをやっとるね。朝鮮の関税問題も、それを普通ただ見とりゃ、ああこれは駄目だとみな引っ込んでしまうんだよ。それを僕は、その関門をまず打ち破って中に入ることをやっとるものね」。

〔出光興産株式会社編、一九七〇、一一二五〜一一二六頁〕

佐三は、台湾においても、外油の独占がもたらす「根本的な問題」と正面から対峙し、その「関門」を打ち破って、市場への参入を果たしたのである。

第四章　経営危機と資金繰り——一九二三～二九年

1　大連支店の危機とその克服

一九二九年度の支店別売上高

一九一六年（大正五）～二二年に海外営業所・支店を次々と開設した出光商会は、一九二三～二九年（昭和四）の時期には、国外で支店をオープンすることはなかった。したがって、本章で取り上げる時期には、出光商会の海外進出は、一段落したと言うことができる。

しかし、そうであるからと言って、出光商会にとっての海外支店の重要性が一九二〇年代を通じて後退したわけではない。表4－1は、一九二九年度の出光商会の売上高を支店別に示したものである。この表からわかるように、この時点で最大の売上規模を誇ったのは大連支店であり、それに下関支店が続いた。以下、販売規模で見れば、京城支店、門司支店、台北支店、博多支店の順だったのであり、

表4-1　1929年度の出光商会の支店別売上高

（単位：円）

店　名	売上高
大　連	1,074,782
下　関	1,073,038
京　城	996,968
門　司	979,351
台　北	931,050
博　多	703,948
若　松	16,037
合　計	5,775,174

出所：博多出光史調査委員会・総務部出光史編纂室編（1959），59頁。
注1：1929年度は，1928年11月～1929年10月。
　2：若松支店は，1929年9～10月のみ営業。

若松支店の売上高は小さかった。第一次世界大戦後の一〇年間の出光商会の成長にとって、満州・朝鮮・台湾での販路拡張が大きな役割を果たしたことは明らかである。

一方で、この時期の東アジア諸地域における出光商会の事業活動には様々な苦難が伴ったことも、事実であった。それは、満州と朝鮮・台湾とでは異なる表れかたをした。

大連支店の業績悪化と支店長の離反

一九二〇年代に入り不況の時代が訪れると、出光商会大連支店の業績は急速に悪化した。その模様は、次のように伝えられている。

「戦后の度重なる不況並満州奥地の治安の悪化は大連出光の営業にも及び大打撃を与うる事になった。

先づ戦中、戦后の販売の拡張、取扱品の過多亦好況時の思惑は東北政権の日本商権の圧迫に依る満州奥地得意先の債権回収不能並戦后の経営対策樹立遅延と相俟って不動産、株式、滞貸其他の損失高約二十万円を招くに至った。

勿論戦后下関其他に於ても多少の損失は免れる事は出来なかったが、大連支店が本店に於ける比重より見て大連の破綻が出光商会全体に及ぼす影響は重大な結果を来しはせぬかと憂慮されるに至り之が早急立直しが喫緊事となるに至った。

先づ収支並資金繰の悪化は、本店に負担を及ぼし、仕入並に銀行の借替にも困難を来した。

本店に於ては、福井支配人赴任と同時に非常なる意気込でこの難局乗切に各店を鞭撻し戦中、戦后の経営状態の引締と共に店風の刷新を計った」。

（関東州満州出光史調査委員会・総務部出光史編纂室編、一九五八、四〇～四一頁）


この記述からもわかるように、大連支店の経営危機は、出光商会全体の経営危機にもつながった。しかも、事態を複雑にしたのは、「戦后の経営対策樹立遅延」の責任者でもあった大連支店長の矢野元が出光商会から独立し、出光時代に培った顧客との関係を使って矢野商店を創立して、対抗商としての動きを開始したことであった。支配人として出光商会全体の経営再建に取り組んでいた福井敬三は、急遽大連に出張し、矢野退店の影響を調査した。そして一九二七年（昭和二）二月、出光佐三店主に宛てた書状で、次のように報告した。

「昭和二、二、一五

店主殿

於大連　福　井

拝啓　矢野退店するとせばユニオンは直ちに奪取されテキサスは早晩失うと見ざるべからず、其結果は、

テキサスの手数料　年額　八千円

倉庫貸賃　年額　二千円

計　一万円

マシン油をユニオンに奪はれ此損害　年額　七千円

（マシン油利益年額平均二〇、〇〇〇円あり、半減と見て一〇、〇〇〇円の内諸掛三、〇〇〇円差引き七、〇〇〇円の純利益を失う事となる。亦ユニオンと競争の結果残一〇、〇〇〇円の利益も大減少する事となるも之れは計算せず）

矢野の居らざる為其他失う商業上の利益　年額　五千円

合　計　二万二千円

而て矢野の退店后節約費用一万円としても差引一万二千円の損失に候。

然らば後任者如何に節約するとも当地支店は収支計算相立ち不申候（中略）

矢野退店として代人一人増員の場合

収入　九六、〇〇〇円（二万二千円減）

支出　営業費　三八、〇〇〇円（即ち、四〇〇〇円減）

諸　掛	二五、〇〇〇円
本店金利	三、〇〇〇円（現在の損失二〇〇、〇〇〇円切捨て）
銀行金利	一五、〇〇〇円
滞貨積立	七、〇〇〇円
雑　損	五〇〇円
計	八八、五〇〇円
差　引	七、五〇〇円の利益

となれども従来本店所得の口銭二〇、〇〇〇円と本店利息六、〇〇〇円、合計二六、〇〇〇円を本店が失う故従来の計算法に依れば一八、五〇〇円の損失となる訳に候。大連の破綻が重大の結果を来しはせぬかを心配仕候」。

（関東州満州出光史調査委員会・総務部出光史編纂室編、一九五八、七二〜七四頁）

この福井の書状から次のことが判明する。

(1)矢野退店以前に、大連支店の累積損失が二〇万円に達していたこと、

(2)矢野退店による損失額は二万二〇〇〇円、矢野退店後の節約可能額一万円（営業費四〇〇〇円および本店利息六〇〇〇円の削減）を除いても一万二〇〇〇円に達すると見込まれたこと、

その後、出光商会と矢野との間には、矢野が累積損失の半額に当たる一〇万円を負担する、出光商会が矢野にテキサスの代理権を譲る、矢野は出光商会の地盤を侵さない、などの内容からなる契約が成立し、矢野の退店、独立が決まった。これを受けて、出光商会店主の出光佐三は、福井に宛てた返信で、以下のように書いた。

「昭和二、二、二三

福井兄　　　　　　　　　　　　　　　　　　　　　　　佐　三

拝啓　只今貴殿平和に解決したと有之御安心の事と存じ候。此上は労れの出ぬ事緊要に候（中略）矢野が油をやる事は結局競争は免れず候間当方も何程か傷き可申も是は全店員が非常に意気込居候間他よりの埋合せも出来可申も矢野としては多年苦心の財産を失い所謂悪銭身につかずの実演をなし仝人の老后を不安に陥れ可申候間愚案としては此際隠退してゴルフの先生でもやって居れば趣味も果し健康も増し正義の為めにも同人の為めにも同窓として勧むべき唯一の策と存じ候。小生の考は今尚少しも変ぜず候。

矢野の反旗の為めに大連の店が閉店の事と相成又は本店が傷く様の事有之候へば其れは社会制度の罪に有之良心何等恥ずる所無之且右の様な事が今尚起り得るならば起らして社会を自覚せしむるも宜敷と存候。其位の覚悟は有し居候間飽迄正義の為め御奮闘相成度候

店内の空気

各支店員非常の意気込にて是で頭に蔽ふて居たものが取れた様な気がし張合いを以て働く事が出来ると大悦びに候。

山田君の手紙を見るにも余りの矢野の過去の罪悪を大連にて実地に見て余程刺激され居る様に有之候間必ずや他日正義は報られ可申御安神相成度候」。

（関東州満州出光史調査委員会・総務部出光史編纂室編、一九五八、七五～七六頁）

この手紙からは、佐三が、矢野の退店、独立に強い危機感を抱くと同時に、新支店長の山田孝介をはじめとする大連支店員の士気の高まりに、大いに期待していたことがわかる。

矢野元は、退店・独立後、出光商会との契約を反古にした。このため、大きな打撃を被った出光商会は、一九二七年末に矢野を提訴するにいたった。出光商会支配人の福井敬三は、矢野との紛争の仲介に当たった南満州鉄道関係者に宛てた一九二七年一二月一六日付の書状のなかで次のように記している。

「矢野氏の件については何時迄も御厄介御掛け何とも申訳無之候。今回最後の手段については小生もよくよく思い余っての上に御座候。小生の心中御推察願上候。（中略）

矢野氏はあの最后の契約は一個条も履行不致

一、当方の得意先へは白熱的の競争をなし、マシン油の如きは利益皆無と相成申候。

二、ユニオン其他の仕入先は悪辣なる方法にて横取を為し、
三、テキサスの代償金は一厘も支払はず。
四、満鉄日石納品の競争品を提出して妨害を試み。
眼中契約無く、山田等の困難は一通りに無之、殊に山田等一同の気を腐らす事甚だしく、山田等より矢野の事通知有る毎に小生は小生の責任を思うて身を切らるゝの感有之」。

（関東州満州出光史調査委員会・総務部出光史編纂室編、一九五八、七九～八一頁）

表4－2は、一九二七～二九年度の出光商会の本支店別損益に示したものである。

本店の収支が一貫して赤字であるのは、仕入等を含む諸経費を計上しているからだと思われる。この表から、本来利益を上げるはずの支店のうち、一九二七年度の大連支店と門司支店だけは、赤字を計上したことがわかる。とくに、大連支店の赤字幅は大きかった。

大連支店の再建

このような大連支店の経営再建の先頭に立ったのは、退店した矢野元に代って一九二七年（昭和二）二月に出光商会大連支店長に着任した山田孝介であった。山田支店長は、出光佐三店主や福井支配人と連携しつつ、全力を挙げて大連支店経営の立て直しに取り組んだ。山田は、出光佐三に宛てた一九二七年二月二〇付の書状のなかで次のように決意表明している。

「矢野氏の後を受け小生の如き若輩が果して此の重任を全うし得るや甚だ懸念に不絶も誠意奮闘

表 4 - 2　出光商会の本支店別損益（1927～29年度）　（単位：円）

店　名	1927年度	1928年度	1929年度
大　連	−9,794	20,458	30,354
下　関	19,871	28,143	28,622
京　城	16,802	11,634	29,252
門　司	−2,986	5,371	23,284
台　北	39,308	37,741	18,898
博　多	24,879	14,040	17,170
若　松	——	——	875
本　店	−40,607	−79,485	−101,820
合　計	47,473	37,903	46,635

出所：関東州満州出光史調査委員会・総務部出光史編纂室編（1958），140頁。
注：1．－は赤字。
　　2．各年度は，前年11月～当該年10月。
　　3．若松支店は，1929年９～10月のみ営業。
　　4．日本石油割戻し金，日本郵船・大阪商船運賃戻り金を含まず。

の前には何物も無之、此をモットーとし猛進し決して御尊意に背くが如き事無きを期し可申候、（中略）実際事務所に来て見て気風の大改良、経費の大節約する点多々有之、油、カーバイド、セメントの販路に就ても拡張致し得べき余裕充分に有之、従来の努力足らざりしを痛感致候」。

（関東州満州出光史調査委員会・総務部出光史編纂室編、一九五八、八五〜八六頁）

山田新支店長は、人事の刷新、経費の節約、販売力の向上などを進めるとともに、着任三カ月後の同年五月には支店事務所の移転を行って気風の革新に努めた結果、大連支店の業績は急速に回復した。表4－2が示すように、一九二七年度には九七九四円の赤字を計上したが、一九二八年度には二万四五八円、一九二九年度には三万三五四円の利益を、それぞれあげたのである。

満鉄による出光商会の表彰

一九二九年（昭和四）時点で出光商会の各支店のうち最大の売上高を上げたのは、一九一六年（大正五）に大連出張所として開設された満州の大連支店であった。大連支店の業務のなかでは、南満州鉄道（満鉄）向けの二号冬候油の供給が引き続き重要な意味をもった。

二号冬候油の使用によって、満鉄の貨車焼損事故は一掃された。一九二七年（昭和二）、創立二十周年の記念行事の一環として、満鉄は、交通運輸を円滑にした功績により、出光商会に対して、感謝状と銀杯を贈った。この時、納入業者で表彰対象となったのは、出光商会だけであった。

同じ一九二七年の四月一日、満鉄沙河口工場長の武村清は、「満鉄二十年回顧」と題して、次のような談話を現地の新聞に発表している。

「過去二十年の満鉄社業を回顧すると自分の関係して来た技術方面だけでも仲々面白い歴史に依って彩られている。聊《いささ》かその間の所見を述べて見よう。

欧州戦争の余波を受けスタンダード石油の油の代りに日本石油の油を車軸油として使用した事があったが、厳寒に凍結せぬ油の製法を知らぬ為めに唯単に質に於てのみ研究した当然の結果として大変な事が起ってしまった。それは言う迄もなく大正五、六、七年〔一九一六、一七、一八年〕に亘る車軸の焼損頻発事件であった。満鉄としてはこれが為多大の損失と脅威を受けたものである。その后それが大きな刺戟となって種々研究の結果、油類の混入に依って凍結を防ぎ得る事を解決する事が出来たが、ひとり満鉄の為めばかりでなく日本石油史上多大の収獲であった事を今更思ふものである。夫と仝時に注油の節約に対し唯一片の考慮で一時に六〇％以上の節約が出来るやうになったが是亦前年度の車軸焼損が所謂注油不充分から起るてふ議論に刺戟された反対論の収獲であることも面白い。即ち完全なる状態に於て車軸類は唯一回の注油で大連長春間を二往復走行するということが認められたのである」。

（関東州満州出光史調査委員会・総務部出光史編纂室編、一九五八、一〇一～一〇二頁）

この談話に解決策として出てくる「油類の混入に依って凍結を防」ぐこととは、具体的には、出光商会の二号冬候油を採用することである。二号冬候油の開発は、日本石油ではなく出光商会の独自技術の成果だったのであり、それは、満鉄の車軸油使用量の大幅な削減をも可能にしたのである。

中国北部での事業展開

満州から中国北部に目を転じよう。出光商会は、一九二四年（大正一三）に青島支店をいったん閉鎖したが、その後も、福成洋行を代理店にして山東省での商売を継続した。取扱い商品は、石油類、セメント類、ピッチ等であった。

当時の中国における石油の民生用需要は、灯油がほとんどであった。英米系の外油各社が市場を支配しており、他の企業が日本の石油製品を扱うと、外油側はダンピングで応じてくるため、日本の石油業者はなかなか進出できないというのが、実情であった。

ところが出光商会は、販売店をおかず、社員自らが販売を行う方式をとったため、外油側のダンピングにあっても、それによく耐えて、外油の販売網の隙間をぬって販売実績をあげた。外油サイドも、いつまでもダンピングを続けていると自分たちの首を絞めることになるため、販売量に限界がある出光商会の活動を黙認することが多かった。百万缶と言われた中国の灯油需要に対して、出光が持ち込む灯油は五万缶程度であり、その程度であれば外油も大目に見るという、暗黙の了解のようなものができあがった。こうして出光商会は、中国北部でも、外油に対抗して徐々に地盤を築いていったのである（以上の点については、関東州満州出光史調査委員会・総務部出光史編纂室編、一九五八、二〇八頁、出光興産株式会社編、一九七〇、一一八頁参照）。

2　朝鮮・台湾での苦難

朝鮮において出光商会は、一九二〇年代半ばからは、ランプ用灯油にも力を注いだ。そして出光商会京城支店は、朝鮮半島全域に販路を拡大していった。

朝鮮での関税改正と日石進出による苦難

出光商会は、朝鮮の石油市場で外国石油会社（外油）が圧倒的なシェアを有する原因となっていた特別税率を廃止することにも、積極的に取り組んだ。関税改正をめざす朝鮮総督府との交渉に当たったのは、店主の出光佐三であった。この点について、一九二四年（大正一三）から二五年（昭和一〇）にかけて出光商会京城支店長をつとめた林安平は、次のように回顧している。

「昭和三年〔一九二八年〕七月店主は朝鮮総督府財務局長草間秀雄氏並司計課長林繁蔵氏を訪い朝鮮総督府が石油は生活必需品なる故を以て保護しあるも石油輸入関税の改正を実施せば朝鮮総督府は莫大なる財源を得る。総督府の石油輸入の関税を改正すれば、米英は石油を朝鮮に持って来ないだろうと言う見解は偏見である。関税を上げても米英は石油の消化に苦しみ居る現状よりして世界で有数の灯油の消費地である朝鮮の市場に見限りを付ける事は絶対ない。此際関税改正は断行すべきである事を力説して考慮を促し其の後短日月の間に屢々朝鮮と東京を往復して石油輸入関税の改正実施を慫慂したる結果、石油輸入関税の改正は実施された」。

表4-3　日本石油京城販売店開設後の各特約店の朝鮮市場における営業区域

特約店名	営業区域
出　光	京畿道・江原道・忠清北道の全部，黄海道・忠清南道・咸鏡南道の一部
高　橋	平安南道・平安北道の全部，黄海道の一部
岸	慶尚南道・全羅南道
斎　藤	咸鏡北道
村　谷	元山区域
岩　田	金泉区域
森　本	群山区域
小野寺	大邱区域

出所：朝鮮出光史調査委員会・総務部出光史編纂室編（1959），103～104頁。

（朝鮮出光史調査委員会・総務部出光史編纂室編、一九五九、八八頁）

出光佐三の奮闘もあって、一九二九年四月、朝鮮における石油特別税率は廃止された。この結果、外油の朝鮮市場支配が崩れ、独占価格の終焉により朝鮮における石油の市場価格は低下した。

一方、一九二九年の朝鮮総督府による関税改正によって、日本の石油業者が朝鮮市場に進出することが容易になった。この機会に乗じて、日本石油は、一九三〇年に京城に販売店を開設した。そして日本石油は、各特約店の朝鮮半島における営業区域を表4－3のように決定した。この結果、日本石油の特約店であった出光商会が朝鮮で全面的に営業活動を展開できる地域は、十三道中三道に限定されることになった。出光商会の営業地域は京城とその周辺に狭められたのであり、出光商会は、平壌、釜山、元山、大邱などから撤退を余儀なくされたのである。

台湾への日石進出による苦難

同様の事態は、朝鮮だけでなく、台湾でも生じた。一九二九年（昭和四）、日本石油が台北に販売店を設置したため、出光商会の台湾における石油販売は制限されることになった。

これに対して出光商会は、石油のほかにもカーバイドやセメントなどを取り扱う方針をとり、台湾島内全土で事業を継続した。出光商会は、台北だけでなく、一九二二年（大正一一）に基隆でも店舗を開設した。

ここまで見てきたように、一九二三年（大正一二）～二九年（昭和四）にかけての時期にも出光商会は、東アジア諸地域で積極的に販路を拡張した。多くの場合、それらの地域は外油の牙城であり、出光商会は、その支配に対して果敢に挑戦することになった。しかし、日本の植民地であった朝鮮と台湾では、出光商会の挑戦が成果をあげたのち、日本石油が現地に進出して、出光商会の活動を制限する事態が生じた。これは、出光商会が日本石油の特約店であったがゆえの制約であった。

3　国内での事業展開

国内での店舗展開

出光商会は、日本石油の特約店であったため、国内での販売区域を九州北部および下関周辺に制限されていた。

表4－4　出光商会の日本国内における店舗開設状況（1911～44年）

年	設置店	廃止店
1911	門司本店	
1915	下関	
1919	大阪，石見大田	
1921	博多	
1924	東京	石見大田
1927	門司支店，玉ノ浦	
1929	若松，戸畑	玉ノ浦（中央九州重油に移管）
1931	名古屋，山田，萩，別府	
1940	東京（出光興産本社），門司（出光興産）	
1941		戸畑
1942		山田，萩，博多
1944	苅田，下関石油配給所（合名会社）	

出所：出光興産株式会社人事部教育課編（2008），98～104頁より作成。

表4－4は、一九一一年（明治四四）の創業から四五年（昭和二〇）の第二次世界大戦終結にいたるまでの時期における出光商会の、日本国内での店舗開設状況を一覧したものである。これらのうち、一九一九年（大正八）に開設された出光商会の大阪支店は、地元での石油販売を直接の目的とはしていなかった。大阪支店の役割は、機械類、雑貨をメーカーや問屋から仕入れ、出光商会の大連支店、青島支店、京城支店に送り出すことにあった。

計量器付き給油船の建造と下関支店の売上増

表4－1で見たように、一九二九年度（昭和四）における出光商会の支店別売上高の点で、大連支店に続いたのは下関支店であった。下関支店の売上高増加にとって大きな意味をもったのは、一九二三年（大正一二）に計量器付き給油船を建造して、漁船燃料油の中味供給を開始したことであった。

漁船向け燃料油販売を九州北部一円に拡大する過程で出光商会は、計量器付給油船を考案するにいたった。そして、その給油船を使って、従来の缶詰販売に代わる中味供給を開始したのである。この中味供給は、木製のタンク船を作り、港に停泊する漁船まで櫓で漕いでいき、ポンプで汲み上げ計量器にかけて販売するというものであった。缶代などのコストが軽減されたため、当初は使用をためらっていた漁船も、安価な中身給油に傾いていった。下関市役所から度量衡法に違反するというクレームがつくこともあったが、これ以外に方法がないことから、最終的には容認された。出光商会が開発した計量器付き給油船は、その後、全国に広がり、漁船燃料油の供給方法を根本的に改革することとなった。

この計量器付き給油船を開発したのは、出光佐三の実弟である出光弘であった。出光弘は、その時の模様について、以下のように振り返っている。

「愈々軽油も中味販売すべきであると言うので、配給船を造ることになった。私は彦島の中村造船所に六屯位の木造鉄タンク入の船を造らせ、計量器は私が図面を作り、下関の松岡ブリキ店にトタンで一石入のものを造らせた。動力はＴＯ手押ポンプで押上げる事にした。これが中味配給の最初と信ずる。

三十年后の今でも私の考案した計量器が其儘の型で、全国に使用されて居るから面白い。」

（下関出光史調査委員会・総務部出光史編纂室編、一九五九、九六頁）

この下関出光史調査委員会・総務部出光史編纂室編（一九五九）は、その後の出光商会下関支店の事業活動の展開について、次のように述べている。

「下関出光も積極的な販路拡張により県下一円の漁船、若松の機帆船、壱岐、対馬並に南鮮方面にも販路は広範囲に拡大されて得意先も増加して益々発展を辿るに至った。」

「地元下関に於ては其后タラカン重油を以て得意先漁船に供給し（得意先として茲に特記すべき事は日東漁業との取引で、最初は豊洋漁業と言って博多にて底曳漁業に従事していたが、其后下関に移り、出光一の得意先となった。）海上貯油、配給施設も整備して順調に推移し、地元伊崎駐在所と共に大いに活躍し、亦古くからの空缶取引先たる大岸商店も傘下販売店として活躍していた。亦北浦方面の地盤も固まり萩には昭和五年（一九三〇年）頃萩の手繰船が集まり阿武郡発動機漁船購買販売利用組合（中略）が設立されて漁業用品を単協組合に販売していたが石油類も相当の需要量があった。之に納品する様になってライ社から仕入面に於ける運賃補助の特典があり、良い得意先であった。

昭和六年七月一日には萩市新川町三一〇六に出張所を開設して永末英司氏主任として赴任し、仝年八月には仝市椿原字浮田に敷地を借用して倉庫一棟、一〇〇屯と五〇屯タンク各一基を建設し亦玉江浦方面延縄漁船販路を開拓して其后萩市山田堂の久保に敷地を借用、倉庫一棟並六十屯タンク一基を建設（昭和十五、三〔一九四〇年三月〕）した。

更に特牛にも駐在員を置いて仝地方漁船販売に従事した（昭和九年）この時代に特記すべき事は南鮮進出と青島に重油を輸出せる事で南鮮方面には四月より十二月頃の鯵鯖の漁期になると内地の巾着網漁船並に運搬船が魚を追って移動するに伴い漁期には鮮光丸、正丸（当初は鮮光丸一隻、一年位后正丸も稼動す）二隻のバージを以て海上移動販売に従事した。

亦南鮮進出に際して旭石油との関係生じ内地より進出して青島を根拠として漁業に従事せる、底曳漁船に対して青島藤山正助商店（后藤井礦油公司になる）を通じて免税重油を継続的に輸出（昭和八年）した事で青島に出光再進出のきっかけを為し后昭和十一年青島に出光の店舗再開となった事である」。

（一九六〜一九九頁）

門司本社（大分合同ビル）（出光興産提供）

この文章から、一九二〇年代から三〇年代にかけて、出光商会下関支店の販路が着実に拡大したことが判明する。また、右記の文章は、出光商会が漁船向けにライジングサン社の重油を販売していたこと、下関支店の営業活動と若松支店・萩出張所の開設や青島支店の再設置が深く関わっていたこと、なども伝えている。

九州北部での事業展開

下関地区とともに、出光商会の国内販売の中心となったのは、九州北部一帯であった。出光商会は、一九二一年（大正一〇）四月に博多に店舗を開設し、門司の店舗とともに、九州北部での営業拠点とした。博多支店の販売先の大部分は、漁船であった。

一九二〇年代半ばに出光商会博多支店で勤務するようになった稲用吉一は、当時の博多港での営業活動について、次のように回顧している。

「毎日みたいにもう何組か船が入って来る訳ですもんね。次から次へと、それから吾々の主な仕事は、もう夜中に入って来ますもんね、船が。それでもうまあ三時、四時から行ってですね、その頃から漁船はですね、魚の荷揚の準備をしとる。吾々は、タンク船で乗りつけて、そして注文を聞いて空缶を先づ下して油を積むと、非常にまあ朝の早い仕事ですね。あの当時はその妻帯者、独身者の区別なく朝飯は会社で食べていたですな。博多で何か後年になって妻帯してからでももう兎に角朝一番電車で行きよったです。割引往復で。それですから今でも非常に朝が早いと言うもう習慣ですな。日曜祭日がないでしょう全然ね。もう元旦の日でも一寸朝店で日ノ出でも見て居ようと思うとね、もう漁船の積込がある。完全に休と言ったら盆の十六日か、あの日は一度休みでね。あの日も私は出て来ましたけれども。それから時化の日位ですね」。（博多出光史調査委員会・総務部出光史編纂室編、一九五九、一二二〜一二三頁）

出光博多支店は、一九二五年に、機帆船による海上での行商販売を開始した。当初は「佐賀県伊万里湾一円諸島を行商して販路の拡張を計ったが、漸次五島列島或いは壱岐対馬の諸島にも回航して売込を行い、販路も博多港は元より宗像郡一円、糸島郡、佐賀県、長崎県下五島列島壱岐対馬方面迄伸び漁業者のみならず全業者にも販売するに至った」（博多出光史調査委員会・総務部出光史編纂室編、一九五九、一二三頁）。

出光商会博多支店の営業活動に関して特筆すべき事柄は、一九二六年から、五島列島の玉ノ浦を根拠地とする徳島県出漁団（阿波船）への売込みに力を入れたことである。この徳島県出漁団は、当時勃興しつつあったトロール船団であった。徳島県出漁団への売込みに成功した結果、出光商会博多支店の売上高は急伸した。

徳島県出漁団への販売に際して、出光商会は、ライジングサン社の製品を取り扱うようになった。ライジングサン社の販売権を持つ太田礦油店を出光商会が引き継ぎ、同店を通じて重油の取引を行った。当時、日本石油は重油を輸入販売していたが、品質面でライジングサン社製品より劣っていた。太田礦油店の責任者の任に当たったは、出光弘であった。出光弘は、一九二四年から二九年（昭和四）にかけて出光商会博多支店の主任をつとめていたが、その後出光商会から離れて、貝印揮発油博多販売所を興した。現在のＩＤＥＸ（株式会社新出光）の前身である。

4　資金繰りの苦労

「生産者より消費者へ」「大地域小売業」の実践

ここまで見てきた出光商会の事業活動は、出光佐三が神戸高等商業時代、内池廉吉教授から教わった「生産者より消費者へ」「大地域小売業」などの行き方を実行に移したものであった。この点について、佐三は、以下のように回想している。

「出光の『生産者より消費者へ』という行き方はだね、神戸高商卒業の間際に内池先生が話されたことから示唆を受けてたわけだ。つまり世の中が進むにつれて、生産も消費もますます複雑になるから、生産者に対しては、その消費者をさがしてやるだけでなく、消費者の大勢を知らせて生産の方針をたてさせる。消費者に対しては、生産の状況、市場の動向を教える。そして多数の生産者と消費者を結びつける。これが配給者としての商人の真の使命で、その使命を全うする者だけが必要なんだ。投機思惑をやって金儲けする中間商人は、必要ないんだよ。出光はこの配給者として、社会と共に永久に繁栄しようというわけだね。

それで生産者から消費者に直接商品を渡すとなれば、各地に小売店を持たねばならぬだろう。これが大地域小売業となったんだよ。ところがこれはね、金や組織の力だけではできないんだ、膨大なものにせねばならんから。その結果経費倒れとなり、非能率となる。だから世間一般ではこういうことは行われないんだね。

それと大体学校出の人は大組織には適するが、小売業には向かない。学校出ない人は、小売に適するが大組織には不向きだ。そこで学校出の長所と、学校出ない者の長所を一人で持ってやればいい、ということになるわけだ。それには僕がいつもいうように、学校出ということを忘れ、肩書を捨て、人間として一段の飛躍をして、初めて、人が金や組織の上に立つことができる。そして人間が中心となって、金や組織を使って、真剣に消費者のために努力する。そこで初めて大地域小売業が成り立つわけだ。大組織小売業というのは、デパートがそうだが、これは一地域に限られている。出光の場合は大地域大組織小売業で、これは日本だけでなく、世界にもその例がないね」。

（出光興産株式会社編、一九七〇、一六〇〜一六一頁）

この言葉には、出光商会が実践した、世界でも珍しい「大地域大組織小売業」というビジネスモデルの神髄が盛り込まれている。また、それと出光佐三の経営理念である「人間尊重」との関連について言及されている点も、興味深い。

出光佐三が実行に移した大地域大組織小売業は、恩師である内池の想定をも超えるものであった。再び、佐三の回想に戻ろう。

「先年久しぶりで内池先生をお訪ねしたことがあったが、そのとき僕が、『先生の教えられた、生産者と消費者の間に介在する唯一の商人たることの実行を計画しました。それも一地域に限られた小売ではあまり意味がないから、内地はもちろん、支那、満州、朝鮮、台湾など広い地域に店舗を持ち、戦後は全国五十余ヵ所に店舗を置いて、これを試み、成功しました』と大地域小売業のことを説明したんだ。ところが先生は、『僕の考えは、出光が唯一の卸屋として介在し、その下に多くの小売商を用いる意味をいったので、出光自身が小売業をやるという意味ではなかった。だいたい出光のような大組織のものが小売などやれるか』とのことだったんだ。そこでね、僕は即座に『それは人がやればできます。資本の力や、組織の力では駄目です』といったわけだ。すると先生はね、『君は僕のいったことよりも、さらに進んだことを実行しておる』といわれたので、僕も大いに意を強くしたことだったがね」。

（出光興産株式会社編、一九七〇、一六一〜一六二頁）

文面からみて、内池廉吉と出光佐三がこの会話を交わしたのは第二次世界大戦後のことだと思われるが、佐三率いる出光商会は、戦前から大地域大組織小売業という行き方を実践していた。そのポイントは、単なる卸商にとどまることなく、広範な地域で小売業務を展開することにあった。

大地域小売業の資金繰り

出光商会は、単なる卸商にとどまることなく、広範な地域で小売業務を展開したことによって、資金面での難題に直面することになった。この点に関して、出光佐三は、次のように説明している。

「非常に面白いことでね。出光の営業成績が悪いから金が足りない、というのと違うんだ。出光は営業の発展に正比例して、運転資金が足りなくなるということだ。というのはだね、生産者より消費者へ、大地域小売業なんだから、生産者、まあその当時は日本石油だが、生産者から品物を買い入れてだね、これは月末締切の十五日とかそのくらいの猶予なんだよ、ところが普通の特約店であれば、品物を引き取って、そしてそれをまた卸をやるんだね。特にわれわれのところのように大きい店なら、卸をやるんだ。そして卸した先から月末に金もらうか、あるいは手形を取ってすぐ銀行で割引するから、幾らか自分のところにストックを置いている期間だけ金が固定しているだけで、そんなところはもう月末には金が入るんだ。だから日本石油の猶予期間中に金が入ってくるということだ。それだからその卸売りを出光がやっとれば、金の苦労なんて一つもない、金が余ってくるんだ。

これが大阪にあった小沢商店あたりがやった手なんだ。日石に対する支払猶予期間が一ヵ月あるだろう、小沢商店は日石から品物を取って、それを直ぐ第三者、商売人に売って金に変えるんだ。そして手形をもらって銀行で割引する。そうすると、ここに現金が余ってくるだろう、日石に払うのは一ヵ月後だから。今度はね、現金持って行って『現金で買いますから』というて、日石をたたくんだよ。そうすると、まあ金利も助かるということもあるが、それ以上に日石も資金繰りの関係上安く売るんだ。それで小沢商店は安く買って、それをわずかな口銭で投売りするんだ。それだからその品物が朝鮮に行ったり、台湾に行ったり、九州はもちろん中国の遠方にまで行ったんだよ。大阪から流れるものは遠方にまで電報一本で取引されて、市場が撹乱されたんだ。（中略）

そのやり方なんだよ。手形を割り引いてもらっておいて現金にして、その金をたたきつけて安く買い、そしてわずかな口銭で安く売ると。ところがわれわれのほうは消費者直売の営業方針であるから、各地に営業所を設け、大地域小売業で消費者に直面している。したがってストックも持っているし、消費者からの入金も遅い。そのため運転資金を多く要する。したがって資金繰りが困難になり、日石への支払いも遅れがちになる。そこで多量に販売して、日石の大特約販売店であるにもかかわらず、価格は高い標準価格で買わされた。そこで小沢商店から買った方が、日石から買うより安いという奇妙な現象さえ起こったんだね。ところが、これを静かに見るとね、出光の持っている地盤は本当の日石の地盤だ。これはもういかなることがあっても、毎日引き続いて流れて行く地盤だよ、需要家と接触しているから。（中略）

一方、大阪式のやり方は需要家と直結していないから、ただ安いから買っただけの話でね、もう普通の値段なら誰も買いはせんのじゃ。それで僕は、日石の販売機関として出光はがっちり存在しているじゃないか、一方はなんにもならんじゃないかと、こういうことをよくいうておったんだよ。それで出光は日石から買って、出光の倉庫にまずストックする、それから消費者に渡す。消費者というものは、すぐには金払わんよ。そりゃもう相当長いところがある。その月締め切って翌月とか、長いのは二ヵ月も待てなんていうようなところがあるんだよ。一番それの長いのは満鉄だよ。石油を積み出す。船が大連に着いて、そして埠頭に荷物がまず揚がる。そうすると埠頭から満鉄の倉庫に持ち込むまでにね、あの図体だから二十日や一ヵ月かかるんだよ。それから満鉄の倉庫で試験品の見本を取り、中央試験所に持って行って、そして規格に合っているかいないかを分析試験やる。これがね、一ヵ月やそのくらい、すぐかかるんだよ。一ヵ月半や二ヵ月もかかったと僕は思うがね。それで済んで金を払うんだろう。これがまた、あの大きな図体だから、相当手続きに日数がかかるんだよ、油を積み出して金の入るまでが半年かかりよったね。それで、とってもそりゃやりきれんから、しまいには朝鮮銀行に話して金借りよったよ」。

（出光興産株式会社編、一九七〇、一六六～一六八頁）

出光商会が展開した大地域小売業は、卸専業と比較して、資金回収に時間がかかった。それは、運転資金を多く要し、資金繰りを厳しくさせる仕組みであり、「営業の発展に正比例して、運転資金が足りなくなる」側面をもっていた。出光興産株式会社人事部教育課編（二〇〇八）は次のように述べている。

「出光が『大地域小売業』をはじめたときからこの金の悩みはいわば宿命として避けられないものだったのかもしれない」、「それは『大地域小売業』『人間尊重』の信念と、経済界の実情との間にその根底において相容れないものがあったからである」、「人の力に信頼を置き、消費者に直面する、『生産者より消費者へ』の経営は、販売が増加するとともに運転資金も増加する。黄金万能の時代に、このような運転資金を多く必要とする方針をとったため、『人間資本』の出光は資金不足に悩まされつづけた」。（一四～一五頁）

第一銀行の貸付金回収と二十三銀行の肩代り融資

大地域小売業を展開していた出光商会は、平常時にも資金繰りに苦しんだが、それとは別に、一九二〇代半ば、二度にわたって深刻な資金難に直面することになった。一九二四年（大正一三）の第一銀行による貸付金回収の際と、一九二七年（昭和二）の金融恐慌の際に、出光商会は、資金不足により閉店の危機に直面したのである。危機の克服を可能にしたのは、一九二四年の場合には二十三銀行の肩代り融資であり、一九二七年の場合には大分合同銀行（二十三銀行の後身）の融資継続であった。二十三銀行や大分合同銀行のトップマネジメントが出光商会の救済を決断したのは、出光佐三と直接会って、その事業家としての才能に感銘を受けたからだと言われている。

一九二〇年代の初頭、貿易港として栄えていた門司は、同時に九州最大の金融都市でもあった。日本銀行をはじめ、三井銀行、住友銀行などの財閥系都市銀行が門司に支店を置いていた。当時、出光商会は、「五大銀行」の一角を占める第一銀行と、大分の地方銀行である二十三銀行から、それぞれ二五万円程度の借入れを受けていた。ところが、慢性不況下で第一銀行の方針が急に変わり、一九二四年に突然、出光への貸金を全額回収するにいたった。

この時までに出光商会は、国内外とも基本的には順調に事業を拡大していたが、借入金の半分を一挙に回収されることは、事業の継続が困難になることを意味した。ましてや、第一銀行に同調して二十三銀行までもが貸金を回収した場合には、事業を取りやめなければならないことは明らかであった。

覚悟を決めた出光佐三は、二十三銀行の林清治門司支店長に対して、「第一銀行が回収するが、あなたの方は引揚げられますか、回収なさるならば直ぐは払えんと。ちょっと暫らく時日をかして下されば売掛金、積立金等あり、最後はお払い出来る積りじゃけれども。私は一応店を閉めると、どうして下さるか」（下関出光史調査委員会・総務部出光史編纂室編、一九五九、一〇四頁）、と申し入れた。これは、出光商会を閉店してでも、二十三銀行からの借入金を全額返済するという決意表明であった。

この申し入れを受けた林支店長は、「非常なショック」を受けるとともに、大いに感銘した。もともと、出光佐三を「門司に於ける人物の中では将来非常に大を為す人」と見込んでいた林支店長は、ただちに、出光商会への救済融資を行う方向で行動を開始した。以下は、林支店長の回顧談である。

「私大分に行って頭取に
『実はこう言う状態になっているが、ここで回収すればまあ例へ一年はかかるか知らんが、回収は出来るかも知れん』と、（中略）
それでまあ苦しかったその時は。私は出光氏や出光商会は将来も是非残して置かねばならぬと考へまして、それで頭取に
『私はこの人は見込があると思うから』
とそう言ったら頭取は、
『あんたどう思うか』と、
『私はこの人には絶対出して見たいと思う』と
頭取は暫らく考へられましたがね。
『君がそれ丈自信があるならやって見給へ』
それで私がそう云う二十五万円を肩代りしたんです。それで五十万円になったわけです。その后も立直しの為亦金を出し七十万円位になったですが」。
（下関出光史調査委員会・総務部出光史編纂室編、一九五九、一〇五～一〇六頁）

この回顧談からわかるように、二十三銀行の林門司支店長は、出光佐三の資質と出光商会の経営に深い理解を示し、同行長野頭取の同意を得て、肩代り融資を実行した。肩代り融資の結果、二十三銀

行の出光商会向け貸出しは五〇万円にふくらんだが、これは、同行門司支店の預金総額の約六分の一にも相当した。出光商会と二十三銀行は共倒れするのではないかとの噂が立ったが、取り付け騒ぎには至らず、結局、事なきを得た。林支店長と長野頭取の英断によって、出光商会は、第一の経営危機を乗り越えることができた。

もちろん、出光商会も、資金繰りを改善するために、自前の努力を重ねた。具体的には、青島支店の廃止などの店舗の整理、取引先や取扱商品の選択と集中（例えば、雑品の取扱い量を減らし、石油類・カーバイド・セメント等の主力商品に力を注ぐことにした）、経費節減・滞貸整理・増販などによる店舗経営の改善、などに取り組んだのである。

なお、出光商会と二十三銀行の関係は、金融面だけに限られたものではなかった。一九二二年（大正一一）に二十三銀行門司支店ビルが完成すると、出光商会は、その二階に本店を移した。第二次世界大戦後、出光商会が出光興産と合併したあとも、出光興産門司支店として、一九六五年（昭和四〇）まで同ビルに入居していた。

金融恐慌時の貸付金回収と大分合同銀行の融資継続

第一の経営危機を乗り越えた出光商会ではあったが、再度の危機はすぐに訪れた。一九二七年（昭和二）の金融恐慌時に出光商会のメインバンクである二十三銀行は、経営危機に陥った大分銀行と合併することになり、この合併によって、新たに大分合同銀行が誕生した。それと同時に、二十三銀行が出光商会に貸し出していた資金をいったん回収し、再度、貸し付ける手続きがとられることになった。

一九二七年当時、出光は主力支店である大連支店が多額の損失を計上し、本店の資金繰りに支障が出る状況に陥っていた。二十三銀行からの借入金も七〇~八〇万円に増えており、出光商会は、その借入金をいったん手形に書き換え、返済しなければならなかった。倉庫や支店の在庫、配給船、運搬船など、あらゆる資産を担保として差し出し返済資金を調達するとともに、創業時から資金面で援助を受けていた日田重太郎氏の協力も仰ぎ、出光商会は、この難局をなんとか凌いだ。

大分合同銀行が出光商会への貸付金をいったん回収したのち、再び融資を継続することにしたのは、やはり、首藤正寿同行頭取が出光商会の経営ぶりに感服したからである。二十三銀行の林清治門司支店長のあとを継いで大分合同銀行門司支店長をつとめた藤原一太は、以下のように回想している。

「いよいよ合併はしたけれども、これから貸金の整理をせなけりゃならんことになった。これが難問題ですな。もとより二十三銀行と出光さんとの関係は、その当時は私はおらんですけれども、二十三銀行がつぶれれば出光商会はつぶれる、出光商会がつぶれれば二十三銀行がつぶれるというぐらいなところまで行っとったんです。世間がそういうぐあいに見とった。それで合併して、私はまだその時は大分におりましたがね、ところがいよいよ出光商会は門司でもあるし、門司の整理をまず第一にやらにゃならん、その出光さんの整理をやることについて、直接頭取の命令が私にきたんですな。

それでこれは毎月こういうぐあいに回収し、毎月こういう整理をやるというようなことを本店頭

取が直接私に話をし、私も月に二、三回出張して、いろいろ内容なり回収方法を話すというようなことでした。（中略）

銀行の審査部だとか管理課とかいうところでは、大口貸金の出光商会がまず第一に槍玉にあがっとるわけなんです。それで、お前がやれというので、まあそれに熱中して、ほとんど毎月十日くらいはそれにかかりきりでしたな。ところが実際命令を受けて門司にきたんですけれども、出光さんにお目にかかり、それから福井さんに会い、台北の増野さんにもしょっちゅうお目にかかりましたが、どうも実に立派な人で、話をしてもどうも普通の人とは話が違うんですな。普通の商人じゃないんですな。

出光さんなんかの話はすべてもう根本にふれていて、なんともいえん奥ゆかしい話もあるし、それから店の経営方針にしたところが、『うちの店はともかく今非常に経営は困難じゃ、困難ではあるけれども、私の店は店員が私の方の資本であるんで、うちの今の店員を見て下さったらわかるが、まあそれはよその店員と違う』と。そりゃ全く違っておりました。今お話しすりゃ、だいたい時代が違うからというふうなことになるでしょうが、そりゃ時間の観念がないといえばないですが、だいたい規則が八時なら七時に出て、退けの時間なんか、もう銀行なんか退けてしまって、上にあがって見りゃ、まだ出光さんは一生懸命やっている。また外に出ている人は帰ってこない、という店の状態でもあるし、また店主そのものが創業当時は、わらじばきで北九州の炭鉱に石油の見本を持って回られたというようなことを聞いたこともある。私はその時分に、特に本店に行って話したところが、首藤頭取が感心しましたわ、『そうか、そういう人か、うちとしては大口の貸付先で整理しようと思っていたわけだが、いっぺんわしは会うてみよう』ということで、頭取は会われたことがある。それから銀行の方針が変わってしまって、つまりミイラ取りがミイラになってしまった。貸金の整理するやつが、反対にもうすこし出してもいいということになった」。

（出光興産株式会社編、一九七〇、二一二〜二一四頁）

なお、文中に登場する「台北の増野さん」とは、当時、出光商会の台北支店長をつとめていた増野伸のことである。

第五章　海外進出の本格化——一九三〇〜三六年

1　外地重点主義と「逆転の構図」

外地重点主義への移行

一九三〇年（昭和五）、出光商会は、台湾の高雄に店舗を開設した。本書の第三章に掲載した表3－1が示すように、これは八年ぶりの海外における店舗開設であった。

その表3－1は、創業から出光商会消滅にいたるまでの時期における出光の、海外での店舗開設・廃止状況を一覧したものであった。この表と国内での店舗開設・廃止状況を示した表4－4（第四章掲載）とを見比べれば明らかなように、出光商会は一九三〇年代に入ると、店舗展開の重心を国内から海外へ移行させた。国内での石油統制の強化により事業活動に対する制約が増大したことが、出光商会を「外地重点主義」へと向かわせたのである。

一九三一年九月に満州事変が起こり、それを契機にして、戦略物資としての石油の重要性に注目が集まるようになった。そして、この頃から、日本の石油産業に対する国家統制が強化された。

まず、一九三二年六月に石油関税が改正され、同年一一月には揮発油製造業および販売業に対して重要産業統制法が適用された。さらには、一九三四年三月に石油業法が公布され、同年七月に施行された。この石油業法は、(1)石油の精製業と輸入業は政府の許可制とし、政府はそれぞれに対して製品販売数量の割当を行う、(2)石油の精製業者と輸入業者に一定量の石油保有義務を課する、(3)政府は、必要な場合に石油の需給を調節したり価格を変更したりする権限をもつ、などを主要な内容としたものであり、石油産業の全面的な国家統制に道を開くものであった（石油業法について詳しくは、井口東輔、一九六三、一二五三頁、橘川武郎、二〇一二、など参照）。

もともと、出光商会の日本での事業活動は、日本石油の特約店であったため、大きな制約を受けていた。それに加えて石油産業に対する国家統制が強化されたことは、日本国内における出光商会の自由な事業展開がいっそう困難になったことを意味した。

実際に、出光商会の国内店舗の開設は、一九三二年以降の時期には、ほとんど進展しなかった（表4－4）。出光商会は、日本国内での石油産業への統制強化により事業活動に著しい制約を受けるようになったため、「外地重点主義」を掲げざるをえなかったのである。

満州における「逆転の構図」

ところで、一九三〇年代半ばに石油産業への国家統制が強化されたのは、日本内地においてだけではなかった。一九三二年（昭和七）に成立した「満州国」や、日本の植民地であった朝鮮でも、石油統制が強められた。

一九三一年九月の満州事変、同年一二月の金輸出再禁止、一九三二年三月の「満州国」成立、一九三四年二月の満州石油設立などは、大連支店を中心とする出光商会の満州での事業活動に大きな影響を及ぼした。とくに満州石油設立後の満州における石油専売制実施の影響は、甚大であった。

満州での石油統制強化とそれに対する出光商会の対応について、出光興産株式会社人事部教育課編（二〇〇八）は、以下のように記述している。


「昭和七年（一九三二年）満州国成立後、同国においては、資本家排撃の方針のもとに重要産業の国家統制をはかり、石油専売の計画を推し進めた。出光はその誤った方針に反対し、これを是正すべく全力をつくしたが、当局の理解は得られず、ついに昭和十年（一九三五年）、満州国における石油専売は実施された。当局は出光の進言に耳をかさないばかりでなく、出光を単なる営利業者、資本家と見なしていたため、一時は満州からの引揚げを覚悟せねばならぬほどの苦境に追い込まれた。各種物資の統制が強化されるにともない、過去二十数年間営々として築き上げた商権も、ただ一片の法令によって取り上げられることになり、出光取扱商品のほとんど全部が統制の対象となった。そして仕事の大部分は配給業務と化した。

石油については、専売法実施とともに、自由販売品である機械油は満石（満州石油株式会社、昭和九年創立）の製品を同国内に一手に販売したが、専売品である燃料油は満州各地の販売統制会社の一員としてその配給にたずさわることになったのである。

しかしながら過去の自由経済時代に資本に屈しなかった出光は、このような統制のもとにおいても法律・機構の番人たることに満足しなかったのはもちろんである。そして時日がたつにつれて、実地に鍛練された実力はおのずから現れ、当局もその実務は、長年の経験と実力とをもって奮闘する出光の活動に待つほかなく、専売品である燃料油の配給、物動品（物資動員計画による品）の輸入等その多くは出光に委託され、満州事変以前よりも仕事は増え、ますます忙しくなったのである」。

（一七〜一八頁）

この記述は、出光商会が営業活動の自由を否定する満州での石油専売制実施に断固として反対したこと、それにもかかわらず強行された石油専売制は出光商会の満州での事業活動に短期的には大きな打撃を与えたこと、しかし、時間が経つにつれて出光の活躍の場は徐々に広がり、石油専売制のもとで出光の満州での事業規模はむしろ拡大したこと、を伝えている。

つまり、満州では、強化された石油統制のもとで出光商会が短期的には制約を受けたものの長期的には事業規模を拡大するという、一種の「逆転現象」が生じたと言える。このような「逆転の構図」は、日華事変後の時期に、中国全土で再現されることになる。

一九三四年二月に満州石油株式会社が設立され、同年一一月には「満州国」での石油専売法が公布された（施行は一九三五年四月）にもかかわらず、出光が最終的には「逆転の構図」を生み出すことができたのは、統制強化に前後して出光商会が満州における店舗網を拡充し、「経験と実力」を蓄える基盤を整備したからである。表3－1からわかるように、出光商会は、一九三三年に奉天（現在の瀋陽）と哈爾浜《ハルビン》、三四年に新京（現在の長春）と斉斉哈爾《チチハル》、三五年に錦州、三六年に牡丹江に、あいついで店舗を開設した。

朝鮮における「逆転の構図」の不発

朝鮮では、石油統制強化の一環として、一九三五年（昭和一〇）六月に国策会社の朝鮮石油株式会社が設立され、朝鮮における石油供給の大部分は、同社の製品によって充当されることになった。朝鮮出光史調査委員会・総務部出光史編纂室編（一九五九）は、朝鮮石油（朝石）設立が出光商会の朝鮮における事業活動に大きな打撃を与えた様子を、次のように描いている。

「昭和十一年（一九三六年）六月十日附を以て出光京城支店は正式に日石特約店より朝石特約店として引継がれる通知に接したが、（中略）朝鮮出光は日石販売店設置により、鮮内八道の地盤の大部分を取上げられて大縮小を余儀なくされ、更に朝石が設立されるに及び北鮮、南鮮地区の販売は認められず、販路は京畿道並江原道一部に押込められ、且つ出光の手足として鮮内各地にて石油類の販売に従事して居た下販売店は同格の朝石販売店となった結果、出光が大正九年（一九二〇年）以降営々苦心の末外油の強固な朝鮮市場に浸透して築き上げた日本油の地盤に乗った朝石の唯一片の指示の下に商権は取上げられ、其后も僅かに京畿道並に出光が朝鮮進出の契機を為し、引続き納入して車輌運行上非常な貢献を果した二号冬候油等の鮮鉄納入のみが、特殊のものとして認められたに過ぎず、朝鮮に於ける出光の石油類の取扱は更に大幅に封ぜられ、京城支店は丸裸全然となるに至った」。（一四三頁）

この記述からわかるように、朝鮮においては、満州で見られたような出光商会による「逆転の構図」（強化された石油統制の下でも出光が事業規模を拡大するという逆転現象）は生じなかった。それは、出光商会の朝鮮での事業活動が、日本石油による現地販売店開設によって、すでに弱体化されていたことによるものであった。

朝鮮において出光商会は、一九三一年四月には清津に、三四年五月には仁川に、それぞれ出張所を開設した。このほか、一九三一年には南鮮でも店舗を開設した（表3－1）。しかし、これらの店舗の活動も、朝石の設立によって大きな打撃を被ったのである。

2　上海への進出

上海支店の設置

表3－1からわかるように、外地重点主義をとった出光商会がとくに店舗を積極的に展開したのは、満州と満州以外の中国とにおいてであった。一九三〇年代半ば以降活発化することになった満州以外の中国における店舗開設のきっかけとなったのは、一九三五

年四月の上海支店の設置である。

この出光商会の上海進出について、興亜院華中連絡部編（一九四一）は、「本邦石油の中支輸入史」という項の冒頭で、以下のように振り返っている。

「外油三社即ちスタンダード石油株式会社、アジヤ石油株式会社（ロイヤル・ダッチ・シェルの系列会社）及テキサス石油株式会社は約七十余年前即ち阿片戦争直後其支那本部を上海に置き其厖大なる資本を利用して支那全土に渉り配給網を敷き油槽所、加工工場、荷造工場、倉庫を敷設し本国よりの輸送には専用のタンク船を使用し、支那各地への配給には自己所有のバーヂ、ライターを利用し其の配給に努めて居った。そして之等外油三社は支那政府と結託して石油取締規則を厳にし且危険品倉庫地帯を制限して外国他商社及日本油の上海登場を阻止し支那石油市場は完全に右三社に依り独占されてゐた。斯る状態であったので日本側としては策の施すべきものなく、徒に英米油金城湯池の地盤を眺め袖手傍観の外ない有様であった。（中略）

然しながら斯る状態に対して何時迄も無為無策を許されず、石油類の支那市場への輸出の必要なるを痛感し、遂に昭和九年（一九三四年）出光商会は上海に其店員を派遣し、各方面に於ける調査研究の歩を進めた。出光商会の此の発奮と其後に於ける努力に対して外油側は無論の事各方面とも冷笑を以て迎へ、其の成功は砂上楼閣一般殆ど不可能視された。同商会店員も此の悲観的環境に絶望し幾度か引揚げの申出をなしたるも其門司本店に於ては断乎として出張員を鞭撻鼓舞し、又更に増員して其の悪戦苦闘に約一ケ年の時日と莫大なる費用を費した。然し乍ら其奮闘空しからず、倉庫の獲得と共に昭和十年初めて内地より荷物を積出しここに日本石油は処女地上海市場に第一歩を踏み出し外油の堅塁に突入する事が出来た」。（八二〜八三頁）

出光商会は、一九三五年三月に日本からの石油を上海に初めて陸揚げし、翌四月には上海支店を開設して、本格的な日本油輸入販売を開始した。出光商会がこのタイミングで上海に進出した直接的な理由は、「満石、朝石の設立は日本内地品の両地方引当分灯油が過剰になるを見越す」（上海油槽所史調査委員会・総務部出光史編纂室編、一九五九、三頁）という事情に求めることができる。しかし、そのより本質的な動機が、外国大手石油会社に独占されている市場に風穴をあけ、独占的な石油価格を崩して地元住民に貢献するとともに、日本の石油産業の発展を実現することにあったのは、疑う余地がない。そうでなければ、「約一ケ年の時日と莫大なる費用を費し」、「悪戦苦闘」するエネルギーは湧いてこないはずだからである。

上海進出当時の状況

出光商会の上海進出当時の状況について、上海油槽所史調査委員会・総務部出光史編纂室編（一九五九）は、以下のように記述している。

「上海を中心とせる揚子江流域の石油消費量は年に一千万函と概称され、外油が中国税関に納付する輸入税金現行率にて約四千七百万弗見当に当る。之れ中国政府が財源として倚頼する所以にて、又外油の販売機関及組織系統は自国の国策伸張の用に供する言はれる。

上海並揚子江流域は彼等の金城湯池であり永年の独占舞台にて、心臓部である上海は石油輸入取扱の至難なること他に類例に乏しく既存会社には絶大の擁護となり広大なる設備を有する外油会社が満州、北支に日本油が輸入せられるに鑑み、規則を自家擁護の為に誘導しありし事は巷間の説と雖も否定し難い。

1．弊店は石油輸出販売には二十数年の歴史と経験を有し、日本の石油精製業の躍進と共に更に海外発展の要を認め、上海市場の獲得を志すこと早く毎年苦心研究を繰返したるも上海のみは遂に如何ともなす事能はざりしものである。茲に於て弊本店は本来の使命に顧み根本的解決を決意し、昭和九年〔一九三四年〕数名の店員を交互に派遣し各方面より徹底的に研究に当らせた。

2．当時外油側は勿論一般内外人は何れも既存外油以外よりの輸入は禁止と見做れ居たるを以て出光商会の企図を恰も幼児が力士に挑む愚に比され冷笑を以て迎えられた。

之を以てしても外油の自己防衛が多年に渉り如何に完璧徹底し居たるかを想見し得られよう。

（出光進出前華人商社光華石油がタンク施設を整へ一時ソ聯油を曳荷販売せる事ありたるも外油三社のダンピング手段により一敗地にまみれた事あり）

3．数名の弊店員は夫々心血を注ぎ失費を厭はず局面の打開に努め漸くにして見本品の輸入に成功したるも大量的には不相変一指を染めること能はず、悲観的環境は屡々弊本店に進言せられた。然し乍ら既にして堅固不抜の方針を樹立せる弊本店は断乎として肉弾を以て敵塁に突入するの決意を定め最悪の場合は積み戻る覚悟にて昭和十年〔一九三五年〕の春第一回五千函の輸入を敢行した。

4. 本輸送に当っては日本郵船会社は未だ揚地の規則不明の故を以て容易に積取を肯んぜず、弊店は取締当局に接衝する一方郵船本社に向い国家的見地より懇請説得した揚句、揚地に於ける一切の責任を弊店にて負い漸くにして積取を承知せしめたる次第である。

5. 此の第一回の大量入荷は日本の石油史上にも又上海石油史上にも特筆すべき出来事であって、当時支那各紙は筆を揃へて之を取扱い、その后の成行きに就いてみるも波紋の意外に大なりし事は争う可くもない。

6. これより先内外支人のブローカー思惑者輩は弊店の活動を見て一手特約を申込むもの数知れず、中には内地事情に暗い支那人を欺き会社録より抜書せる某石油会社名を利用して特約獲得を好餌に保証金を詐取せるものさへ現はるゝに到り騒然、雑然たる状態を為すに至った。

7. 弊店は極力思惑者流の説得善導に努め、市況の鎮静を計り順調なる販売を続け、外油側並に内外に向い左の方針を闡明した。

『日本内地に於ける過剰石油之れは支那市場に販売する外なし、従来北支市場のみにて販売せしも年々漸増する過剰石油を北支のみに向けるは市場圧迫の恐れ有る故此度上海市場に進出せし次第である。全く過剰品の処分が目的であって徒に外油に挑戦し又は市場攪乱の意図を有する者ではない。此点は弊店の穏健なる営業振りを外油側は多年北支、満州其他に於て承知の筈なれば当地に於ても容易に了解を得べきものである。』

斯くて第二回、第三回と入荷相次ぎ、出光商会の不屈の活動により日本油の中支進出は多大の成果を収めるに至った。

8．弊店に依り石油輸入の途開かれるや、現地思惑者は他の石油会社の特約販売権獲得を策動し、各精製会社亦吾れに追随せんとして之等の思惑者を利用し一時的不健全なる輸入をなすに至り、北支に於けると全様日本品同志打の醜態を演ずるに至った。

右の如く断続的に日本より他社品の流入あり一時的混乱はあったが、外油側の総ゆる妨害にも屈せず出光は恒久的商権の扶殖に努め、数量の僅少なる為市場を左右する迄に至らなかったが外油商社に伍して上海市場に着々出光の地歩を固めつゝあった」。

（六〜一〇頁）

この文章からわかるように、一九三五年（昭和一〇）に始まった出光商会による日本油の輸出は、上海でセンセーションを巻き起こし、日本の総領事館には出光商会との取引を希望する中国人業者が大勢押しかけた。しかし、その後、日本油の上海への荷揚げが順調に推移すると、出光商会以外にも日本品を輸入して販売する業者が次々と現れ、外油が大多数を占める市場で日本品が同士討ちする形が生まれた。上海でも、満州、朝鮮、台湾で見られたように、外油の独占状態に対して出光商会がリスクを負ってパイオニアとして切り込み、リスクが低下した時点で日本の同業他社が事実上のフリーライダーとして追随するという状況が、繰り返されたのである。

中国、台湾での店舗展開

ここまで見てきたように、出光商会は、一九三〇年代に入ると、日本国内での石油統制の強化を受けて、外地重点主義をとるにいたった。しかし、石油統制の波はその外地にも波及し、満州や朝鮮での出光商会の事業活動に対する制約は増大した。そこで、出光商会は、事業の重点を満州以外の中国に移した。その第一着手となったのが、外油の牙城であった上海への進出である。出光商会は、一九三五年（昭和一〇）の上海支店開設に続いて、翌三六年には天津、福州、廈門、青島にも店舗を設置した（表3－1）。これらは、いずれも、一九三七年七月に日華事変が起こる以前の出来事であった。

出光商会は、満州以外の中国だけでなく、台湾でも店舗を開設した。台北、基隆に続いて、一九三〇年に高雄、三二年に蘇澳と台中で開店したのが、それである（表3－1）。

3　国内事業の動向

中京地区への進出

第二次世界大戦以前の時期における出光商会の店舗展開のなかで、異彩を放つのは、外地重点主義をとり始めたにもかかわらず、一九三一年（昭和六）に日本国内で、名古屋支店を開設したことである。同年に出光商会は、三重県の山田にも店舗を設置した（以上、表4－4参照）。

名古屋支店開設によって出光商会は、愛知県・三重県・岐阜県からなる中京地区への進出を果たした。これは、日本石油の中京地区の特約店が揮発油の販売に消極的な姿勢をとったこと、および日本石油が東京や大阪の特約店に中京進出を呼びかけたにもかかわらずどこもそれに応じなかったことによるものであった。このような経緯で、出光商会に白羽の矢が立つことになった。

日産自動車が発足したのは一九三四年、トヨタ自動車工業が設立されたのは三七年のことであり、出光が中京地区に進出した三一年当時は、国内を走っていた自動車のほとんどが外国製で、台数も限られていた。現在でこそ愛知県はトヨタ自動車のお膝元であるが、当時の石油販売業者にとって、揮発油はまだメインの販売油種とは言えなかった。

日本石油の意を受け中京地区へ進出した出光商会は、倉庫やスタンドなどの設備を自前で手当てし、販売目標を一年目で達成した。ただし、その後、日本石油が、地元の特約店にも揮発油を扱うよう働きかけたため、出光商会が日本石油に対して抗議を申し入れる一幕もあった。

昭和恐慌時の資金難の克服

ところで、出光商会の資金難は、昭和恐慌時にも顕在化した。出光佐三は、一九三〇年（昭和五）一二月に大分合同銀行に対し、借入金の金利の低下と償還期限の延長を申し入れた。大分合同銀行はこの申し入れを慎重に検討した結果、出光佐三の要望を受け入れた。

その後、出光商会の経営状態は、徐々に改善された。その状況を、博多出光史調査委員会・総務部出光史編纂室編（一九五九）は、次のように記している。

「其后も不況は依然として続き、各店共其影響を免れ得ず、就中門司支店の販売対象たる炭坑方面の不況、博多、下関店の漁価下落により支払悪化し、且大連支店立直后も不況と奥地不安の為売行に多大の影響を蒙る等各店の打撃も大きかったが、恐慌以后売掛の整理、仕入、売掛限度の設定、又滞貸積立金も設定して不慮の事態に対処し且つ売上高の増大、経費節約等極力内容の刷新を計り、収支、資金繰の安定に非常な努力を重ねた結果、漸く内部的不安は去り、売上高は上昇して収支は漸次好転するに至った。」（三五～三六頁）

このように出光商会は、リスクマネジメントを強化しつつ経営刷新を進めることによって、相次いで生じた資金難から脱却することができた。

出光佐三は、創業時から第二次世界大戦期までの主要な資金借入先の変遷について、「住友銀行、それから二十三銀行、そして第一銀行と取り引きしたんだ。門司におった間は二十三銀行、第一銀行中心で取り引きしてる。それから東京にきても、戦時中は第一銀行中心だったね」（出光興産株式会社編、一九七〇、一七九頁）、と振り返っている。出光商会の本店は門司に所在し続けていたから、文中に「東京にきて」とあるのは、一九四〇年に子会社として出光興産株式会社を設立し、東京に本社を置いたことをさすものと思われる。出光の収支が好転にするに伴い、第一銀行は、主要な資金提供者として復活をとげたのである。

第六章　外地重点主義徹底と企業体制再編——一九三七〜四一年

1　外地重点主義の本格化

石油統制の全面化

一九三四年（昭和九）の石油業法によって、日本の石油産業は国家統制の下におかれることになったが、三七年以降経済全体の戦時統制が進むなかで、石油統制はさらに強化されるにいたった。まず、一九三七年一一月に、石油の第一次消費規制が実施された。これは、行政指導による自発的規制であったが、翌一九三八年三月には「揮発油及重油販売取締規則」が制定され、法令に基づく石油の第二次消費規制が開始された。第二次消費規制においては、購買券制すなわち切符制が導入された。

その後も、日本国内における石油統制は、加速度的に進行した。一九三九年九月には石油共販株式会社が設立され、四〇年六月には道府県に対し石油の共同配給組合を結成するよう、指令が下った。

表6-1　1938年度の出光商会の地域別・支店別売上高

（単位：円）

地域ないし支店	売上高
内地（名古屋，下関，博多，門司）	7,982,595
京城支店	4,303,730
台北支店	4,180,618
大連支店	9,806,658
満州（奉天，新京，哈爾浜）	7,035,392
中国（天津，青島，上海総合）	13,456,526
合　計	46,765,519

出所：朝鮮出光史調査委員会・総務部出光史編纂室編（1959），208頁。

注：1．1938年度は，1938年1月～同年12月。

2．大連支店と満州は，別個に計上されている。

そして、一九四一年七月にアメリカ・イギリス・オランダ等が対日石油禁輸を実施すると、国内では第三次消費規制が行われた。この第三次消費規制は、「揮発油及重油販売取締規則」を改訂した「石油販売取締規則」に基づくものであり、従来の揮発油と重油に加えて、灯油と軽油も、一九四一年一〇月から切符制の対象となった。こうして、日本国内における石油統制は全面化したのである。

外地重点主義の徹底

石油統制の強化は、出光商会の国内における事業活動が、さらに大きな制約を受けることを意味した。そのため、出光商会は、事業の重点を海外におく方針をいっそう徹底した。

表6-1は、一九三八年度（昭和一三）の出光商会の売上高を地域別・支店別に示したものである。この表からわかるように、一九三八年の時点で、出光商会の売上高が最大であった地域は満州

（大連支店と満州の合計値で一六八四万二〇五〇円）であり、これに満州以外の中国（一三四五万六五二六円）が続いた。内地の売上高（七九八万二五九五円）は、朝鮮の京城支店（四三〇万三七二〇円）や台湾の台北支店（四一八万六一八円）のそれよりは多かったが、大連支店の売上高（九八〇万六六五八円）にも及ばなかった。

つまり、一九三八年時点ですでに出光商会は満州と中国に重点をおいて外地重点主義をすでに実行していたと言うことができるが、この方針は、一九三八年一二月に門司の本店で開催された出光商会の支店長会議で、さらに徹底されることになった。この会議の冒頭、店主の出光佐三は、

「諸君も新聞紙上で御承知の通り国策としての為替管理の強化と産業統制の結果油界は石油、機械油の製産減じ内地に於ける出光の商売は面白からざる経路を辿って居るが満州の商売は益々増加し北支は満州の延長として発展途上にありますことは同慶の至りであります。

内地での商売が面白からざる結果につき大々対策を研究し、（イ）九州製油に投資。（ロ）日石満石等と相談して輸送方面に進出すべく昭和タンカー株式会社に投資。（ハ）日石が名古屋に建設したる油槽所関係の運搬運送業を開始した次第であります。

大陸方面は種々の仕事を凡ゆる角度から進むと云う考へを持つ必要があります。

店は幸運に恵まれたというか、過去の犠牲の償いというか、此時代に際しても予期の業績を挙げましたことは諸君の御努力に負うものと感謝して居り且つ店は大陸に於て発展の結果工合よく進捗

して行くにはどうして行くか、益々発展させんとするにはどうするか、之は益々諸君の御健闘を願います」（博多出光史調査委員会・総務部出光史編纂室編、一九五九、九七〜九八頁）

と発言した。佐三は、内地で活路を開くことに努めるとともに、発展を続ける外地での事業にいっそう注力することを明確に打ち出したのである。

2　企業体制の再編

四社体制への移行

日本国内で活路を開くとともに、外地で事業を積極的に推進する方針を固めた出光商会は、一九三九年（昭和一四）から四〇年にかけて、企業体制を再編し、出光商会の一社体制から、出光商会・出光興産・満州出光興産・中華出光興産の四社体制へ移行した。この企業体制の変更について、朝鮮出光史調査委員会・総務部出光史編纂室編（一九五九）は、以下のように説明している。

「日本内地に於ては（中略）石油配給機構の統制に依り、石油卸売業者の営業は挙げて府県地方卸共販株式会社に吸収せられ、従来の石油業者は只其の小売のみの営業を許され、カーバイドも亦カーバイド工業組合の設立により従来の特約店たる資格を失い小売のみ残る事となれり。此処に於て出光商会は従来全国的に大規模に経営せる石油類、カーバイド業が小規模の小売業に転落せるを以て従来の如く他の一般業務と同一方法にて大規模に積極的に経営せんか、全く経費倒れとなるを以て一般営業より此の部門のみ分離して個人経営とし、独自の方法によらざるべからざる次第なり（中略）之に反し大体出光商会の外地関係事業は使用人も二百名を超え、比較的大規模経営にして而も時局の影響を受け益々増大の傾向にあり、事業遂行上個人組織にては人的に信用的に非常なる不安、不利を生じ株式改組の事になれり」。（一九七～一九八頁）

このような事情で、内地の石油類・カーバイド等の小売業については個人経営の出光商会が担当し、外地の事業については新設される出光興産・満州出光興産・中華出光興産の三つの株式会社が受け持つという体制がとられることになった。このうち出光興産は、台湾・朝鮮・関東州（大連支店）の営業活動だけでなく、従来、門司の本店が遂行していた船舶業務や特約販売業務、保険代理業務なども引き継ぐことになった。

朝鮮出光史調査委員会・総務部出光史編纂室編（一九五九）により、四社体制を構成する各社の概要をまとめると、次のようになる（一九八～二〇〇頁）。

○出光商会

本店：門司市本町三丁目二五番地

業務：本店および内地の小売営業

支店・出張所：門司支店（別府出張所）、博多支店、下関支店（若松出張所、萩出張所）、名古屋支店（山田出張所）

○出光興産株式会社

資本金：四〇〇万円（払込済み）

本社：東京市麹町区有楽町一丁目五番地

業務：台湾・朝鮮・関東州の営業、内地の船舶・特約販売・保険代理業務など

設立年月日：一九四〇年三月三〇日

支店・出張所：門司出張所、台北支店（基隆出張所、高雄出張所、台中出張所、蘇澳出張所、台東出張所、新港出張所）、京城支店（仁川出張所、清津出張所）、大連支店

○満州出光興産株式会社

資本金：一五〇万円（払込済み）

本社：新京特別市老松町一四丁目二番地

業務：満州国内の営業

設立年月日：一九三九年一二月一八日

支店・営業所：奉天支店（哈爾浜出張所、鞍山出張所、斉斉哈爾出張所、牡丹江出張所、佳木斯出張所、錦州出張所）

○中華出光興産株式会社
資本金：一〇〇〇万円（払込済み）
本社：上海北蘇州路四一〇河浜大厦一〇三号室
業務：中華民国内の営業
設立年月日：一九三九年一二月九日
支店・営業所：天津支店（北京出張所、張家口出張所、大同出張所、厚和出張所、石家荘出張所）、青島支店（芝罘出張所、済南出張所）、南京出張所、蘇州出張所、鎮江出張所、漢口出張所

株式会社への否定的な評価

これら四社のうち、「出光興産」の名がつく三社は株式会社の形態をとったが、このことは必ずしも、出光佐三店主の本意ではなかった。この点について、佐三は、一九四〇年（昭和一五）の時点で、次のように述べている。

「組織を変更したのは出光商会の個人経営法が間違っているからではありません（中略）株式会社は理論的には幾多の特徴がありませう。資本募集上の便利、法律による株主の保護、社会的信用の増進、其他沢山ありましょうが（中略）要之不徹底な中途半端な特徴であり、個人経営の理想等に遠く及ぶものではない。株式組織は大資本を集めるには最も便利でありましょうが、他の資本家

の主義方針と出光商会の其れとは絶対に氷炭相容れざるもののある事は度々申した通りでありまして、他の資本を集める意味の株式組織は主義方針上絶対に許されない事であります。又株式組織は資本主義の最もズルイ形態であり、責任分散の方法であり、寄り合い世帯であります。役人が会議の方法によりて自己の責任を他に転嫁し、株式会社が総会や重役会議によりて責任を軽くするのとは五十歩百歩である。

初めから仕事に責任を持つ様に出来てないのであります。重役や社員は先づ自己の立場をつくる事を先にし、事勿れ主義を採る事となり易い。個人経営の様に己れを忘れ魂迄も打込み、命迄もと言う徹底した気分になれない制度である。お座なりとなり自己本位となるのは組織の罪である。

（中略）

出光商会が一部を株式組織にしたのは御都合主義である。便宜主義である。支那に於ては株式会社の看板が便利である。満州に於ては株式会社を要求されるのである。

外地は序にしたと云うに過ぎないのであります。三十年の永き経験と不断の努力は古き店員をして出光主義なるものを確固と認識し体得しているのでありまして、御都合主義の組織変更ぐらいでは最早や店員の思想が動揺したり変化したりする危険が無くなったのであります。治に居て乱を忘れず、乱に居て治を忘れず、静中静、静中動あり、死中活を得るの境地に達し得たからであります」。

（朝鮮出光史調査委員会・総務部出光史編纂室編、一九五九、二〇〇～二〇二頁）

この文章は、出光佐三の仕事や経営に対する考え方を、如実に示している。佐三にとって、出光興産・満州出光興産・中華出光興産を株式会社の形態で設立したのは、あくまで、「御都合主義」、「便宜主義」であり、次善の策に過ぎなかった。それらの株式会社の株式を公開し、外部の資本を入れることなどは、もともと選択肢にもならなかった。責任をまっとうすることこそ経営者の使命だと考えた出光佐三は、出光商会の店主を続けるとともに、出光興産・満州出光興産・中華出光興産の社長にも就任したのである。

「黄金の奴隷たるなかれ」

出光佐三の株式会社に対する否定的な見解は、「黄金の奴隷たるなかれ」、「人間尊重」という言葉に集約される、彼の強い信念に裏打ちされたものであった。一九四〇年（昭和一五）に配布した小冊子『紀元二千六百年を迎えて店員諸君と共に』のなかで、佐三は、以下のように述べている。

「私の学生時代は日露戦争直後で、欧米物質文明横溢の黄金万能の時代でありました。人よりは金が偉い時代でありました。金さえあればの時代でありました。

私共若い者は反抗的に『金の奴隷たるなかれ』と絶叫したのであります。出光商会が主義として人間尊重を高調したのも理由があるのであります。私共は金の威力、実力を無視することは出来ませぬ。これを否認することも出来ませせぬ。ただ私は金の実力を肯定しつつ、人間が金の上にありたい、金を使う時代を作りたい、一にも金、二にも金の世間より逃れて、一にも人、一にも人、三にも人の世の中にしたいのであります。金よりも仕事がしたいと心持ちは、独立主義から当然出て来る心持ちであります。

店員に営業方針を示しました。

『出光商会は事業を目標とせよ、金を目標とするな。しかしながら決して金を侮蔑し軽視せよと言うのではない。現代の資本主義制度の時代に、金力を無視し軽視することは自己破滅である。事業資金として大いに金を儲けねばならぬ、経費も節約せねばならぬ、冗費無駄を省かねばならぬ、そして将来の事業資金を蓄積せねばならぬ。ただ将来の事業の進展を邪魔するような、儲け方はしてはならぬ。あくまでも事業を主とし、資本蓄積を従とし、この本末を誤ってはならぬ』と時に触れ折を選んで申し聞かしたのであります。金を尊重せよ、しかしながら金にひざまづくなという、この呼吸気分は金の奴隷たる事と真に紙一重である。店員の不断の修養の力にのみよりて、この妙諦を体得し得るのであります。人間尊重、人物養成の必要なる所以もここに存するのであります」。

（出光興産株式会社、二〇一〇、三頁）

この文章は、出光商会創業から約三〇年後に書かれたものである。その間、「黄金の奴隷たるなかれ」、「人間尊重」という出光佐三の信念は、いささかも揺らぐことはなかった。そして、そのことは、彼の死まで続いた。

3　中国での事業拡大

中国における「逆転の構図」

表6－2が示すように、一九四二年（昭和一七）五月の時点で、出光四社の人員総数は一〇九五人に達していた。会社別内訳は、出光商会二四六人、出光興産三六一人、満州出光興産一〇五人、中華出光興産三八三人であり、地域別内訳は、内地三一九人、朝鮮八五人、台湾一二三人、関東州および満州一八五人、満州以外の中国三八三人であった。

一九三七年七月に発生した日華事変以後の時期に、出光の外地重点主義の主要な舞台となったのは、満州を除く中国の全土である。出光は、中国市場参入のパイオニアとして、日華事変が起こる前から中部の上海を皮切りに、北部の天津・青島、南部の福州・廈門でも店舗を開設していたが、内地の同業他社は、日華事変後、日本油進出が有利になったと見て、中国市場に殺到した。それらを日本の軍部は「利権屋」とみなしたが、利権屋の闊歩によって、中国の石油市場は大いに混乱することになった。一時期、日本の軍部は、出光とこれら利権屋との区別がつかず、一括して統制の対象にしようとしたが、そこでも、満州で見られたような、強化された石油統制のもとで出光が短期的には制約を受けたものの長期的には事業規模を拡大するという「逆転の構図」が発現することになった。その間の事情について、出光興産株式会社人事部教育課編（二〇〇八）は、以下のように記述している。

表6-2　出光商会・出光興産・満州出光興産・中華出光興産の人員構成（1942年5月）

（単位：人）

会社	地域別	社員	入営応召社員	女子事務員	従業員	船員	合計
出光商会	内地	69	22	25	49	81	246
出光興産	内地	34	24	10	5	0	73
	朝鮮	31	9	15	30	0	85
	台湾	63	17	8	32	3	123
	関東州	30	8	10	29	3	80
満州出光興産	満州	51	14	8	32	0	105
中華出光興産	北支	71	22	17	50	0	160
	中支	100	10	11	52	5	178
	南支	29	0	6	10	0	45
合計		478	126	110	289	92	1,095

出所：出光興産株式会社人事部教育課編（2008），付表。

「日中戦争勃発により在中国出光店はいったん引き揚げ、翌年渡航して店を再開したが、再進出した当初は満州におけると同様、利権屋として排斥された。昭和十三年（一九三八年）当局は出光の強い反対にもかかわらず、対中国石油国策会社として大華石油を設立し、中国市場を統制せんとしたが、米英に対する関係上悪影響ありとする外務省の抗議によってこれを解散した。出光は、国策を遂行すべく計画された形式的大会社とは違い、当時いまだに侮りがたい勢力を有していた外油に抵抗して、日本業者の地盤確立に努め、苦心に苦心を重ねてその販売網を全中国、蒙疆《もうきょう》にわたり拡大した。（中略）

しかし中国市場の統制を目的として計画された大華石油の意図をうけついで、石油聯合（昭和十一年設立され、同十四年改組、中国向け石油の輸送に当たる）は軍需取扱いのみに満足せず、軍の野心家を背景に民需取扱いの出光を併合しようと、あらゆる手段を講じて圧迫を加えてきた。たとえば当時、軍は中国大陸において経済封鎖を行っていたが、非占領地域の至るところで、中国民衆が出光の石油を使用していたため、反出光派の石油聯合や軍人たちから、出光は利敵行為をやっている国賊であるという悪宣伝が盛んに行われた。しかしながら出光は大油槽所を建設して石油の輸入を確保し、民需用として供給したり、あるいは軍票の価値維持のため油を販売したり、すべて国家のためにその使命を果たすべく大いに努めたのである。

このような出光の奮闘ぶりは、見識ある人びとからはしだいに理解され、現地においてのみならず中央においても賞賛の的となり、総軍司令官等は出光に対して感謝の意を表明した。このように出光の真意を理解していた人びとは出光を大いに支持し、その実力を高く評価し、出光はますます重く用いられたのである」。（二二一〜二二四頁）

この文章からわかるように、日華事変後の中国でも「逆転の構図」が再現されたわけであるが、その過程で出光は、中国全土に店舗網を拡張し、一九四〇年には上海に大規模な油槽所を開設した。出光は、一九三八年には北京、張家口、大同、厚和、南京、蘇州、鎮江、漢口、広東、芝罘、済南、徐州、石家荘、新河で、一九三九年には海州で、一九四〇年には無錫、揚州、蕪湖、蚌埠、杭州、九江、唐山、泰皇島、太原、汕頭、開封、商邸、包頭、石門で、一九四一年には陽高で、それぞれ店舗を開設した。ただし、これらのうち石門と揚州の店舗は一九四一年に、新河の店舗は一九四二年に閉鎖した。また、これらより早く、福州の店舗も一九三七年に閉鎖していた（以上、前掲表3－1参照）。

上海油槽所の開設

上海での油槽所開設については、上海油槽所史調査委員会・総務部出光史編纂室編（一九五九）が、次のようにその背景を説明している。

「斯て量的には少なかったが事変〔日華事変〕后急激に日本油の販路は拡大されるにつれ、出光は国内に於ける石油類の統制により内地の商売が益々萎縮されるに及び海外に主力を置かざるを得なくなり且国内需要の増大せる日本内地の製品に基礎を置かず直接支那市場に外油を輸入して販売し外貨の獲得と中支に地盤を伸張すべく、

(1)北支に於て直接第三国より大型タンカーを入れる港なきを以て大連にて中継する方針の下に満石を経て之を為す。

(2)中支には上海に大油槽所を建設して直接輸入を為す。

計画を樹て現地視察と現地軍官方面の了解を得べく十三年（昭和十三年〔一九三八年〕）十月店主自ら北京及上海を訪問した。

扨上海に油槽所を建設するについては種々の障害があり亦建設后の外油との角逐を如何にするか等問題は山積して居た」。（一三～一四頁）

現地調査の結果、出光佐三は、たとえ困難であろうとも、(2)を実行に移すことを決断した。佐三は、一九四三年の時点で、この決断を振り返って、以下のように述べた。

「第一に油槽所の建設上の諸難関あり即ち、

一、外交関係

二、軍の了解を得ること

三、資金殊に外貨の調達

四、土地の入手難

五、資材の入手難

是等の難関は主として日本人間に横たはる障害なるを以て、熱誠を以て之を解決し油槽所を建設し得るとするも次に来る外油との競争に対し赤手空拳を如何にせんやである。

世界一の大会社たるスタンダード石油会社に対し資源に於て無に近き日本石油と資金に於て無一物なる出光が而も米国品を以て米国品と競争することの無謀なるは論をまたないのである。所謂相手の褌を借りて横綱にブッツかる訳である。

元来民需のみなれば満石のタンクを利用して米国より輸入するを最も巧妙打算的とし、仮にタンクを建設するとするも二、三万屯にて充分なり、然れ共出光は国家有事の際を目標として十万屯計画を立て、差当り五万屯の建設を為すこととせり

異論は各方面より起った。

橋本日石社長は出光を呼び親心からなる忠告をされた。橋本社長は懇々と話された。外油会社の資源及資本に於て強力なること。関税の保障ある日本内地に於てさへ日石は多年圧迫を受け苦しめられて居る実情を説かれ況んや保障もなき支那市場に於て赤裸々に之に挑戦することの如何に無謀なるかを戒められ、事業の中止を親切に注意されたのは実に身に沁みたのである。

店内に於ても計画の大胆過ぎるを知り上海支店より又内地本店にても幹部より縷々中止方の申出があった。強硬なる反対である。（中略）

退いて考へた。

国際関係の悪化したのも日本の実力に対する認識不足からである。大陸の一角に日本人の自由に

なし得る油槽設備を有して和戦両様に備へ実力を作るべきである。是れ出光が国家に対する奉公である。絶好の機会である。（中略）

更に追想した。精神力と物質力との衝突の必然的なることは十数年前よりの出光の信念である。出光とスタンダードとの衝突は之が実現である。現在の事変然りである。主義の為戦へ而して過去十数年の経験実力を試錬すべし。

而して衆議を押し切って決意せられたのである」。

（上海油槽所史調査委員会・総務部出光史編纂室編、一九五九、一四～一七頁）

この文章からわかるように、橋本圭三郎日本石油社長や出光内部からの強い反対にもかかわらず出光佐三が上海油槽所開設の決断を下したのは、国益のため和戦両様の備えを作ること、および「精神力と物質力との衝突」を掲げスタンダード社に対して正面から挑戦すること、を考えたからである。五万トンの貯蔵設備を擁する出光上海油槽所は、一九三九年（昭和一四）八月に着工し、四〇年四月に竣工した。現地の日本軍当局は、用地を提供して、油槽所建設を後押しした。建設に必要な資材に関しては、出光が、手持ちの外貨を使ってアメリカから購入した。アメリカから輸入され、出光上海油槽所に貯蔵された石油のうち、灯油は中国全土、満州などで民需用として使われ、揮発油は軍用に供給された（以上の点については、上海油槽所史調査委員会・総務部出光史編纂室編、一九五九、一七～三六頁参照）。

満州、朝鮮、台湾での店舗展開

一九三七（昭和一二）～四一年に出光商会は、満州以外の中国におけるほどの勢いではなかったが、台北だけでなく、満州、朝鮮、台湾でも店舗を開設した。満州では一九三七年に鞍山と佳木斯、一九四〇年に安東で、朝鮮では一九三九年に江陵、一九四一年に釜山で、台湾では一九三七年に新港、一九三八年に台東、一九四〇年に台南で、それぞれ店舗を開いた。一方、朝鮮の南鮮の店舗は、一九四一年に閉鎖された。

このほか満州出光興産は、新京に本社を置き、奉天に支店を開いた。中華出光興産は、上海に本社を置き、天津と青島に支店を開いた。東京に本社を置く出光興産もまた、門司に出張所をもつとともに、大連、京城、台北に支店を開いた。

第七章　南方への進出——一九四二～四五年八月一五日

1　太平洋戦争下の南方進出

中国における再度の「逆転の構図」

前章で見た大華石油の設立や石油聯合の民需取扱いなどの動きが頓挫したあとも、中国における石油配給機構の再編は、引き続き進行した。日本の中国北部における石油政策を統轄していた興亜院華北連絡部は、アメリカ等の石油輸出禁止に備え、輸入配給の全面的統制を図るため、従来の販売組合を解散させて北支石油協会を設立する方針をとった。この方針が実行に移されれば、中国北部における石油業者の輸入、販売、配給は、すべて北支石油協会に引き継がれることになる。出光は、北支石油協会による石油統制の非効率性を指摘し、配給機構は簡素なものにとどめ、長年の経験と実力のある民間業者にまかせることが国策上得策であると具申したが、受け入れられることはなかった。

一九四一年（昭和一六）七月、北支石油協会は設立された。その結果、出光をはじめとする中国北部の全石油業者は、同協会に吸収されることになった。北支石油協会に運営には、二〇〇人もの人員が関わっていた。

一方、中国中部では、北部とは異なる動きが見られた。中部でも大規模な統制会社を設立する計画はあったが、興亜院は、最終的に簡素な配給体制をとることにした。興亜院と出光から派遣されたわずか三名の人員で、中国中部における配給業務を効率的に遂行したのである。

中国中部での成果をふまえて、出光は、北部でも簡素な配給体制へ移行するよう、積極的に働きかけた。その結果、一九四二年の興亜院の廃止で石油配給業務を継承した日本の北京大使館は、一九四三年に北支石油協会を解散し、配給機構の簡素化を断行した。具体的には、北京大使館の管理下で北支石油統制協会が統制事務に当たり、出光が配給業務を担当することになった。出光の中国中部での効率的な活動は、北部へも伝播し、いま一度の「逆転の構図」を生んだのである（以上の点については、上海油槽所史調査委員会・総務部出光史編纂室編、一九五九、四七〜五〇、七六〜八二頁、出光興産株式会社人事部教育課編、二〇〇八、二四〜二五頁参照）。

出光興産株式会社人事部教育課編（二〇〇八）は、第二次世界大戦時の中国における出光の活動について次のように述べている。

「中国大陸においては、対英米関係がいよいよ緊迫する中、出光は、外油の輸入がストップしたときに備えて、石油類の緊急輸入に奔走し、あるいは市場出回り品を買いつけるなど、その確保に努力した。太平洋戦争に突入するとともに、中国における供給は米英油に代わって日本がこれをまかなわなければならぬ状態となったが、民需は出光の貯蔵油以外には、他の業者の在庫はほとんどなく、その手持ち石油類も当局の統制下に置かれて、出光は民需配給業務に一意専心した。やがて供給もいよいよ逼迫するに及び、当局の現地自給の方針に基づき、代用燃料油、代用潤滑油の原料買い集め及びその生産に力を入れ、あるいは民船によって南方油の曳荷をはかるなど、大戦下中国大陸における石油国策に重要な役割を果たした。そしてその間に絶えず当局の石油政策を正しい方向へ導くことに力をつくした」。（二一六～二一七頁）

南方における「逆転の構図」

一九四一年（昭和一六）一二月八日の日米開戦から半年の間に、東南アジアと西南太平洋の広範な地域は、日本の陸海軍によって占領されることになった。これらの地域では軍政が敷かれ、域内の石油資源は、軍需用に充当されるとともに、現地の民生用に供されることになった。

当初、現地日本軍は、約二〇〇〇名を要する厖大な石油配給機構の設立を計画し、本省の承認を求めたが、本省は中国における配給機構の機能不全の経験をふまえてその計画を退け、出光を起用する方針をとった。当局から陸軍占領地域における石油民需配給業務を委託された出光は、一九四二年、百数十名の人員を軍属として南方に派遣した。

派遣直後の現地では、南方総軍内の反出光感情が、相当に深刻であった。派遣された出光の要員は試練に直面したが、各地における彼らの働きぶりは効率的であり、困難な仕事を短期間で軌道に乗せた。このため、現地軍にただよっていた出光に対する敵意はしだいに解消し、積極的な支援さえ行われるようになった。そして一九四三年には、南方の海軍占領地域での石油配給業務も、出光に委託されることにいたった（以上の点については、出光興産株式会社店主室編、一九九四、三〇六～三二五頁、出光興産株式会社人事部教育課編、二〇〇八、二七～二九頁参照）。

南方派遣要員の活躍　南方に向かう出光の要員に対して、一九四二年（昭和一七）七月に出光佐三は次のように激励した。

「南の新天地は白紙である。いささかの因襲情弊なし。吾人はこの白紙の天地において広大複雑と称せられる難事業を簡単容易に総合統一し、もって人の真の力を顕現せんとするものである。これ単に石油配給上の一些事と考うべきにあらずして、よってもって国家社会に対する一大示唆となすべきである。しかも吾人のみに課せられたる大使命たるを自覚すべきである」。

（出光佐三、一九六二、一四三頁）

一方、南方に派遣された出光要員の一人であった富永武彦は、現地ジャワ島での状況について、次のように回顧している。

「我々の任務はジャワ軍政監部の嘱託としてジャワの産業民需用の石油配給を円滑に行ふことである。軍需の方は野戦自動車廠が担任してゐた。（中略）

ジャワではスラバヤ郊外のオノコロモとチエプーの二ヶ所で原油が採掘され夫々ｶ地に製油所があった。

日本軍進駐時オランダ、オーストラリア連合軍はあらゆる油田、製油所を破壊炎上させて退去した。我々が上陸した昭和十八年〔一九四三年〕三月でもジャワ各地に尚破壊炎上したタンク群が、飴の如くくづれ落ちその残骸を炎天下にさらしてゐた。その焼け落ちたタンクヤードを整理し日本から運んで来た解体タンク鉄板による油槽所再建も我々の仕事の一つであつた。（中略）

小生の最初の勤務地は東部石油配給事務所傘下のマディウン州のマディウンに本拠を置き隣州のケデリー、スラカルタ州（ソロ）の三州を統轄する責任者となった。（中略）

仕事は民生産業用のガソリン、灯油を始めとする石油の発券、業務、輸送から配給全般である。民生用の灯油配給基地としてB. P. M.〔ロイヤル・ダッチ・シェルの系列会社〕N. K. P. M.〔カルテックスの系列会社〕が残したガソリンスタンドを活用した。灯油スタンドには自動車ならぬ原住民が種々雑多な容器を携えて配給を受けるべく長蛇の列がよく出来たものである」。

（富永武彦、一九七六、七～一〇頁）

富永は、ジャワ島内の東部地区から西部のバンドンに転勤となり、そこで終戦を迎え、四カ月の捕虜生活を送ったのち帰国した。
出光の南方派遣石油配給要員は、陸軍占領区域のビルマ、マレー、フィリピン、スマトラ、ジャワ、北ボルネオ、および海軍占領区域の南ボルネオ、セレベス、バリ島で活動した。彼らのうち二七名が、終戦までに南方の地で還らぬ人となった。出光興産株式会社編（一九七〇）は、出光の南方派遣要員の動向について、次のようにまとめている。

「南方陸軍地区派遣要員
昭和十七年（一九四二年）七月　先発　三名
昭和十七年八月　第一次　九十六名（マレー、スマトラ、ジャワ、ビルマ、ボルネオ、フィリピン）
昭和十八年三月　第二次　二十六名（ジャワ）
昭和十八年八月　第三次　十五名（フィリピン）
昭和十九年三月　第四次　八名（マレー、北ボルネオ）
計　百四十八名

南方海軍地区派遣要員
昭和十八年七月　先発　一名
昭和十八年十一月、昭和十九年一月　第一次　九名（セレベス、南ボルネオ、バリ島）」
昭和十九年三月　第二次　八名（セレベス、南ボルネオ、バリ島）

総　計　計　十八名
戦死・戦病死その他　計　百六十六名
マレー二名　フィリピン二十一名、ジャワ一名　北ボルネオ一名　南ボルネオ二名
計　二十七名
また昭南駐在員、徴用船舶船員にも犠牲者あり」。（四一八～四一九頁）

このうち二一名もの犠牲者が出たフィリピンの状況は次のような悲惨なものであった。

「比〔フィリピン〕島〔一九四四年〕十月敵レイテ島に上陸。全比島の大半は敵手に帰し、運輸、通信網は分断され、石油配給業務も停止。要員は全員召集を受け激烈な第一線の戦闘に参加。ついに二一名の戦死者を出す」。（出光興産株式会社編、一九七〇、四一八頁）

2　海外進出の到達点

一九四四年の従業員構成

表７－１は、一九四四年（昭和一九）一月時点での出光の従業員数を示したものである。この時点で一〇〇六人の従業員がいたが、内地で勤務する者は一四九人に過

表7-1　出光の従業員の構成（1944年1月）

（単位：人）

地区等	男子社員	傭　員	船　員	女子従業員	計
内　地	61	52	0	36	149
朝　鮮	15	13	0	13	41
台　湾	33	6	0	14	53
関東州	19	23	0	8	50
満　州	35	6	0	20	61
北　支	59	16	0	29	104
中　支	57	45	0	12	114
南　支	11	11	0	4	26
南方・陸軍地区	142	0	0	0	142
南方・海軍地区	10	0	0	0	10
船　員	0	0	70	0	70
入営応召	186	0	0	0	186
合　計	628	172	70	136	1,006

出所：出光興産株式会社編（1970），541～542頁。

ぎなかった。また、入営応召している者も、一八六人にのぼった。そして、南方派遣要員も、この時点で一五二人を数えた。

出光の従業員が最も多く働いていたのは中国で、北支、中支、南支の合計人数は、二四四人に達した。そのほか、満州と関東州で一一一人、台湾で五三人、朝鮮で四一人が働いていた。さらに、七〇人の船員も、従業員に含まれていた。

出光商会の海外展開の全体像

ここで、これまで見てきた出光商会の海外展開の全体像について、確認しておこう。その特徴としては、三つの点を指摘することができる。

第一は、海外事業が、出光商会の全事業のなかで大きなウェートを占めたことである。一九二九年度（昭和四）の時点で、出光商会の支店売上高総額に占める海外支店売上高の比率は五二％であった（前掲の表４－１）。出光商会は、一九三〇年代に入ると「外地重点主義」の方針をとるようになり、一九三八年にはその方針を徹底した。一九三八年度の時点で、出光商会の支店売上高総額に占める海外売上高の比率は八三％に達した（前掲の表６－１）。また、一九四四年一月には、出光の従業員（入営応召者と船員を除く）のうち海外で働く者の比率は、八〇％に及んだ（表７－１）。

第二は、出光商会の海外事業が、様々な苦難に直面したことである。出光商会のなかで一九二九年度の支店別売上高が最大であった大連支店は、好況時の思惑取引の失敗や日本商権に対する圧迫、初代支店長の離反などの影響で、一九二〇年代初頭から中葉にかけて、経営上の危機に遭遇した。また、日本の植民地であった朝鮮と台湾では、出光商会の市場開拓が成果を上げたのち、日本石油が現地に進出して、出光商会の活動を制限する事態が生じた。これは、出光商会が日本石油の特約店であったがゆえの制約であった。さらに、満州、朝鮮、中国北部、南方では、それらの地域を支配下においた日本の支配機構（「満州国」を含む）が展開した石油統制が、出光（商会）の海外事業にとって大きな制約要因となった。

第三は、出光商会の海外事業が、様々な苦難を克服し、自力で成長をとげたことである。この点では、満州や中国、南方において、強化された石油統制のもとで、出光（商会）が短期的には制約を受けたものの長期的には事業規模を拡大するという、「逆転の構図」が発現したことが重要である。「逆転の構図」を生んだのは、出光商会自身の経営努力、出光店員自らの奮闘努力であった。出光商会の海外展開は、けっして日本軍の支配地域拡大に追随したものではなかった。日本軍の支配地域拡大は、たしかに出光商会の海外展開を促進したが、一方で、支配地域での日本軍の統制が出光（商会）の海外事業にとって、しばしば制約要因となったことも、否定しがたい事実である。その制約要因を克服し、「逆転の構図」を生むことによって、出光商会の海外事業は成長をとげたのである。

第八章　敗戦直後の奮闘と出光興産への統合——一九四五年八月一五日〜四八年

1　敗戦直後に「馘首せず」

一九四五年（昭和二〇）八月一五日の第二次世界大戦の敗北によって、日本は、朝鮮・台湾・南樺太等の植民地を失うとともに、アメリカを中心とする連合国の占領下におかれることになった。出光は、戦時中、国内事業の大部分を統制会社に吸収され、主力を注いでいた海外事業も、敗戦によってそのすべてを喪失してしまった。残されたものは、約一〇〇〇人の従業員と約二五〇〇万円の借金のみという深刻な状況だった（出光興産株式会社店主室編、一九九四、五四三頁）。

終戦二日後の訓示

将来への不安が広がるなかで、出光佐三は、一九四五年年八月一七日、つまり終戦の詔勅からわずか二日後、空襲による被災を免れた東銀座の出光館に在京社員を集め、「玉音を拝して」と題する次のような訓示を行った。

「十五日おそれ多くも玉音を拝し、御詔勅を賜わり、涙のとどまるを知らず、言い表わすべき適当なる言葉を持ち合わせませぬ。(中略)

私はこの際、店員諸君に三つのことを申し上げます。

一、愚痴をやめよ

二、世界無比の三千年の歴史を見直せ

三、そして今から建設にかかれ

愚痴は泣き声である。亡国の声である。(中略)ただ昨日までの敵の長所を研究し、とり入れ、己の短所を猛省し、すべてをしっかりと肚の中にたたみこんで大国民の態度を失うな。

三千年の歴史を見直して、その偉大なる積極的国民性と広大無限の抱擁力と恐るべき咀嚼力とを強く信じ、安心して悠容迫らず、堂々として再建設に進まねばならぬ。(中略)

さてわれわれ出光は、人間尊重の旗幟のもとに、自治すなわち自己完成、団結すなわち大家族という主義の行者として三十年間終始した。しかしてつとめて艱難に向かって自らを錬磨してきた。戦前たると戦時中たると、政治や経済の制度や機構のいかんに頓着なく、終始一貫し変更の必要を認めなかった。もちろん、今後もこのままで進めばよいのであり、おそらく永久に変わることはないと思う。

焦土に建つ本社ビル（東銀座）（出光興産提供）

出光の行き方は、この数年来社会から急激に認められて、今年は試験室から実地に飛び出しつつあったが、事業そのものは近く消え失せる運命にある。惜しい思いがする。政府も、出光の人物本位の能動的な行き方を十分に知っておるので、あるいはこの団体を何かの形にて用いるかもしれない。私も従来『出光は事業そのものを目的とするにあらずして、国家に示唆を与うるにあり』と諸君に訓《さと》してきました信念から申しましても、戦後の難局に処して、国家が出光主義の行者を要することは論をまたないのであります。しばらく経過を見たいと思います。」

（出光佐三、一九六二、一七四〜一七五頁、一七九〜一八〇頁）

この訓示は、終戦で打ちひしがれていた出光の店員を、心底から鼓舞するものであった。愚痴を言わずに今すぐ再建設を進めよと明確に指示した点、「昨日までの敵の長所を研究」せよと柔軟で現実的な姿勢を打ち出した点、その一方で日本人としてのアイデンティティを強調しそれに誇りを持てと強調した点、とくに出光の行き方に関して揺るぎない自信を示し将来も見据えてその優位を見通した点などに、特徴があった。

しかし、その反面、当時の出光が事業の消滅を覚悟するほどの厳しい現実に直面していたこともまた、事実である。マイナスからの再スタートに不安が払拭されない状況の下、出光佐三は、終戦から一カ月経った一九四五年（昭和二〇）九月、次のように語った。

「翻って出光を顧みると、内地に於ける事業は戦時中統制会社に取られて、ホンの形ばかりのものが残っているに過ぎない。台湾、朝鮮、満州、シナ及南方全域の事業は原子爆弾によりて消失した。出光は内地に於ける資金は海外に投資し、その利益も相当巨額に達しているが、その元金も利益も海外から取り寄せなかった。従って出光としては、内地に借金が残っている。事業は飛び借金は残ったが、出光には海外に八百名の人材がいる。これが唯一の資本であり、これが今後の事業を作る。人間尊重の出光は終戦に慌てて馘首してはならぬ」。（出光佐三、一九七二、第一巻一五六頁）

「馘首せず」の大方針

きわめて厳しい経営環境のなかで、これほど迅速かつ明確に「馘首《かくしゅ》せず」の大方針を打ち出したことは、当時の社会的風潮の下では、突出した行為であった。多くの日本企業が敗戦を理由に大規模な人員整理を行い、その結果、失業が深刻な社会的問題となっているなかで、出光は、それとはまったく対照的に、一人も馘首しないことを宣言しただけでなく、海軍を退役した技術者を数多く受け入れもしたのである。「人間尊重の出光」の面目躍如たる出来事であった。

生き延びるための新規事業

外地からの従業員の復員が相次ぐなか、「馘首せず」の大方針を貫くことは、けっして容易なことではなかった。終戦直後の時期には、日本の石油在庫は底をついており、日本を占領していたGHQ（連合国最高司令官総司令部）は、石油の民需向け措置として、戦時中からの石油配給統制株式会社（石統）に配給業務を継続させることになった。戦前、一万六〇〇〇店にのぼったわが国の石油卸・小売業者は、戦時中には、わずか九〇〇カ所の配給所に整理統合され、石統の管理下に置かれていた。

出光は、石統に旧営業地盤の返還を求めたが、受け入れられなかった。石統による統制の継続により、出光は、若松、下関、刈田、別府、名古屋の五店で戦時中からの石油配給業務を細々と担当するのみで、海外から続々と従業員が復員してきても、仕事はほとんど何もない状態だった。

出光は、石油業への復帰をめざしつつ、この急場を凌ぐために、農業、醱酵事業、水産業、ラジオ修理販売業、タンク底油回収作業、印刷業など様々な仕事に従事した。これら畑違いの事業は大体失敗に終わったが、本業の石油業に復帰するまでの間、「馘首せず」の大方針を堅持して、出光とその従業員が生き延びるという点では、大きな意味をもった。資料8－1は、終戦直後に出光が取り組んだ新規事業をまとめたものである。以下では、これらのうち、ラジオの修理・販売事業とタンク底油の回収作業に目を向ける。

ラジオの修理・販売

生き延びるための新規事業のうちラジオの修理・販売事業は、相当に大規模なものであった。一九四六年（昭和二一）一月に電気部を新設、五〇〇〇万

資料8－1　敗戦直後に出光が取り組んだ新規事業

＊農　業（1945年9月～51年8月）

鳥取県日野郡米沢村で百町歩の土地を買い，農場を経営。

＊醱　酵（1946年4月～47年8月）

茨城県新治《にいはり》郡石岡町に簡易工場を設け，醬油・食酢等を製造。酒精製造も計画。

＊水　産（1945年11月～48年6月）

三重県南牟婁《みなみむろ》郡木ノ本町において有位漁業会から定置網漁業権を借り，漁業を経営。

＊電　気（1946年1月～49年3月）

通信院が勧誘していたラジオ聴取施設普及事業に取り組み，ラジオ・無線送受信機等を販売・修理。大森工場において電気器具を生産。

＊印　刷（1946年5月～50年12月）

東京都内の三田・品川工場において平版・活版印刷。

＊旧海軍タンク底油集積（1946年4月～47年10月）

商工省の指示にもとづき，厚岸・大湊・横浜・四日市・舞鶴・呉・徳山・佐世保で，戦時中には不可能として放置されていたタンク底油を集積。大阪においても，解体艦艇の廃油を集積。集積廃油約2万キロリットルを，商工省の割当にもとづいて，精油業者・廃油業者へ引渡し。

出典：出光興産株式会社人事部教育課編（2008），32～33頁より作成。

円の資金を投入し、二七〇人（もともとの出光従業員七〇人と海軍出身技術員二〇〇人）の従業員を配置した。日本全国でラジオ約三万五〇〇〇台を販売し、約三万台を修理した。さらに、九カ所の無線局を建設するとともに、六七台の船舶用無線機を整備した。このように大きな業績を残したが、最終的には一八〇〇万円の赤字を計上し、一九四九年三月に電気部は閉鎖された。出光の電気部の営業所は、全国主要都市の湾岸地域を選んで出店し、最盛期には五〇カ所を数えた。これらは、その後の石油販売の拠点作りの布石にもなった。

この電気部の事業に携わっていた武貞彦一郎は、のちに次のように回顧している。

「当時の電気部の方針は、第一期、第二期、第三期と分けて、全国に合計で百五十ヵ所の店をつくるということでした。しかし実際は最盛期で五十店くらいでしたね。問題は部品などの資材にあり、資材は軍の払い下げと他の電気会社からの購入に頼っていたわけですが、電気会社からの入手は困難で一同苦労しましたよ。（中略）

最初の目的のラジオの組立、修理はもちろんのこと、漁業無線や離島の電化等々、やや高度な仕事を手掛けるところまで部員の努力が結実しましたが、残念ながら最終的に赤字克服ができず、本業復帰までのいわばピンチヒッターの役目を終えたわけです。電気部の経営については店主からのご批評を受けた点もあり、『電気部の失敗の原因』という反省レポートを書いたのが私の電気部最後の仕事でした」。

（出光興産株式会社店主室編、一九九四、二一五～二一六頁）

文中に出てくる「電気部失敗の原因」というレポートは、出光佐三店主の名前で、一九四九年五月に発表された。以下の文章からわかるように、その内容は、出光の事業の進め方に根本的な変革を求めるものであった。

「現在の出光の社員の大部分は、学校を出てから統制の時代に育って来たから、国が資金を与え、国が事業を作り、国が利益を与えることのみを知っている。即ち事業運営の温室に育って来た。従って事業経営の困難を知る機会がなかった。（海軍から来た人々は尚更のことである）

終戦後の出光の再建に当たり私の第一にやることは、運営型の諸君を経営型に鋳直すことであると思った。

この鋳直し事業は一大事業である。口先の話などで了解出来るものではない。煮え湯の中に叩き込んで身をもって経験する外に方法はない。私は高い高い授業料を覚悟した。そこでむずかしい話はやめにして結論的に簡単なことを言い聞かせた。

一．個人商店の主人の心持ちで命懸けで働け。
二．三ヶ月目から必ず黒字を出せ。
三．デフレ時代の来ることを覚悟して、インフレに酔うな。
四．商品を現金と心得て倉庫帳と現品と一致させよ。
五．売掛を作るな。

六．結局算用合うて銭足らずとなるな。

と結んで、時にふれ、折にふれて繰り返した。

ここで諸君はこの報告書を読んでそれぞれの店員のやった事とその結果とを比べて貰いたい。私の言うた事どもを忠実に守った真剣な店員の居た店、即ち唐津や下関は非常な好成績に終始した。私が一生を捧げて命懸けで得た尊い経験を聞き流した連中は取り返しのつかぬ失敗醜態を演じ、全出光の顔に泥を塗った。

海軍から来た人々は過去の経歴から責めるに値しない。出光の人々の責任である。そして石油部の人々も大部分は電気部と同様運営型である。自惚れるどころか他山の石として大いに磨かねばならぬ。

運営型より経営型に全出光人を鋳直すには当然の犠牲であり、授業料であることを石油部の人も銘記して、全出光人が国民より一歩先に経営型となって国民に示唆を与えて貰いたい」。

（出光興産株式会社店主室編、一九九三、四三六～四三七頁）


電気部の失敗経験から得た教訓は、他山の石として、本業である石油事業のその後の展開過程で活かされることになった。その教訓とは、一言で言えば、「運営型から経営型への転換」というものであった。

タンク底油回収作業（徳山）（出光興産提供）

タンク底油の回収作業

終戦直後の時期に出光が生き延びるために取り組んだ諸事業のうち、その後も長く語り継がれる経験になったのは、タンク底油の回収作業である。このタンク底残油は、戦時中の石油不足のおりに日本海軍が回収を企てたが、作業が困難なことから、そのまま放置されていた。終戦後、ＧＨＱは、この底残油を日本政府に引き渡し、有効処理して配給するように命じた。政府は、底残油を石油配給統制会社（石統）へ一括して払い下げ、配給を計画したが、石統では対応ができず、そこで商工省は、出光に集積作業を、全国の精製業者に集積物の再生処理を、石統に再生品の配給を行わせることにした。

一九四六年（昭和二一）四月、出光は、商工省の指令を受け、厚岸、大湊、横浜、四日市、舞鶴、呉、徳山、佐世保で日本海軍が保有していたタンクの底油回収・集積作業に従事した。三万トンタンクや五万トンタンクの底に残存する廃油は、機械では集積できず、大部分は人手によって汲み取る方法しかなかった。この作業は、ガス爆発や火災、窒息などの危険が伴うが、出光は下請け業者を一切使うことなく、従業員自身で取組むことになった。受託した金額は、一キロリットル当たり二五〇円で、下請業者に依頼する余裕はなかった。

タンク底油の回収・集積作業は、一九四七年七月末まで続き、合計約二万キロリットルの廃油を回収した。回収した廃油は、精製会社や廃油業者に引き渡したが、出光自身も、舞鶴と佐世保では、三六〇〇キロリットルの廃油を商工省から割り当てられた。出光は、それを自らの手で再生し、石統に引き渡した。予想以上の難作業に経費はかさみ、さらにインフレの影響もあって、当初の予算をオーバーし、タンク底油の回収・集積作業は、結局、出光に五七〇万円の損失をもたらした。

しかし、困難な時代に取り組んだタンク底油の回収・集積作業は、出光の従業員に団結心を育み、「戦後の艱難克服への挑戦」の象徴として長く語り継がれることになった。また、黙々と作業する出光従業員の姿は、視察に訪れた官庁や財界人の目にとまり、取引銀行の出光に対する印象を高め、後の事業展開にも少なからぬ好影響を及ぼした。

このタンク底油回収事業に参加した金子関雄は、一九九四年（平成六）の時点で、次のように回想している。

「今思えば懐しいけれど当時は大変だった。横浜の海軍のタンクは金沢区の小柴にあり、現在も米軍の貯油基地として残っていますが、呉や佐世保なんかと比較すると小規模でした。全部山中に埋設され、それでも四万トンタンクが一基、三万トンタンクが六基、五千トン級になるとかなりありました。さすが海軍と思ったのは、受け入れのため陸上からゴムホースが沖に向かって配置されていて今で言うシーバースのはしりみたいなものがありました。そこで十四、五人だったと思うのですが、海軍の兵舎に寝泊まりして働きました。褌《ふんどし》一枚になってわらじをはいて、膝ぐらいまである残油の中に入って板でドレン口の方に押して集めるわけです」。

（出光興産株式会社店主室編、一九九四、四二頁）

また、同じくタンク底油回収事業に従事した中園勝海も、やはり一九九四年の時点で、当時を次のように振り返っている。

「徳山では日本精鑞の工場の近くに潤滑油用原油の残油の入っているタンクが五本くらいあって、それは空襲でやられて天板がなかったが残油は膝くらいまであった。それでタンクの中に櫓《やぐら》を作りブリキの樋《とい》をタンクの外に出して、汲み上げた油は樋上を流してタンク外でドラム詰めにしました。これを廃油再生業者に船で運びました。その次に大迫田《おおさこた》に五万^{トン}の地下タンクが十数本あって、現在の製油所の岸壁までパイプラインが敷設してあったので、それを通して汲み出すことができる残油はすべて汲み出し船に積み込みました。四、五ヵ月くらい要しましたかね」。

（出光興産株式会社店主室編、一九九四、四二～四三頁）

危険な作業に熱心に取り組む出光従業員の姿は、関係者の間に大きな感動を呼んだ。そのことは、出光が本業の石油事業に復帰することを可能にする、要因の一つとなった。

2　石油事業の再開

占領初期のGHQの石油政策

ポツダム宣言を受諾し、無条件降伏したわが国は、連合国軍の占領下に置かれることになった。占領初期には石油産業に対して、占領政策のなかでも最も過酷な施策が適用され、日本政府は、石油産業の復興のための積極的な対策をほとんど講じることができなかった。

石油の需要と供給は、全面的にGHQの管理下に置かれた。日本における石油の需給を管理下に置いたGHQは、まず、石油に関連する一連の戦時統制法令の廃止を進めた。GHQの意向を受けた日本政府は、一九四五年（昭和二〇）一〇月に石油販売取締規則等を、同年一二月には石油業法、石油専売法、人造石油製造事業法、輸出入品等臨時措置法を、それぞれ廃止した。

続いてGHQは、石油配給機構の再編に乗り出した。GHQの指令を受けて商工省は、一九四五年一二月に「石油配給統制要綱」を実施して、暫定的に石油配給統制会社に配給を行わせることにした。翌一九四六年五月にGHQは「石油の受領及び配給に関する覚書」を発し、前年末に商工省が暫定的統制機関とした石油配給統制会社を単一の石油配給機関に指定するとともに、同社を貿易庁の石油輸入業務の代行機関として認定した。この措置によって、ガリオア資金（アメリカ政府の占領地域救済政府資金）による日本政府の石油製品輸入が一九四六年七月から開始された。石油配給統制株式会社は、一九四六年九月に、社名を石油配給株式会社と変更した。

その後、GHQは、一九四六年一〇月に「石油製品の配給に関する覚書」を発し、石油配給会社を解散して新たに全額政府出資の単一の配給機関を設立するよう指令した。この指令を実行するため、一九四七年四月に石油配給公団法が公布され、四八年三月末までの期限付きで、四七年六月に石油配給公団が発足した（同時に、石油配給会社は解散した）。

石油配給公団の設立と並行して、石油配給方法の見直しも進んだ。一九四七年二月に従来の石油配給統制規則と原油取締規則が廃止され、同年八月から経済安定本部作成の新たな「石油製品配給方針」が実行に移された。そして、一九四七年一一月には、石油製品配給規則が施行された。石油配給公団の発足と石油製品配給規則の施行によって、GHQが進めた石油配給機構の再編は、一段落する形となった。

GHQは、原油の輸入とそれを原料にする太平洋岸製油所の操業を禁止した。原油輸入と太平洋岸製油所の操業の禁止は、占領初期のGHQの苛酷な石油政策の典型と言えるものであった。

一九四六年一月にGHQが明確に打ち出した原油輸入禁止の方針は、太平洋岸製油所の操業禁止の方針と分かち難く結び付いていた。同年四月にGHQは、ワシントンに向けて、国産原油産出地域以外の製油所（つまり太平洋岸製油所）を賠償に当てるかスクラップすべきだと勧告した。そしてGHQ

は、一九四六年九月に日本政府にあてて覚書を発し、太平洋岸製油所の操業を禁止するとともに、一部の太平洋岸製油所で続けられていた手持ち原油の処理を同年一一月二〇日までに終了するよう指令した。この時点では、GHQの日本石油産業に対する基本方針は、輸入原油による消費地精製を認めず、日本は石油製品を輸入すべきだというものだったのである。

出光佐三の石油政策に関する意見具申

終戦から三カ月経った一九四五年（昭和二〇）一一月、日本の石油精製八社（日本鉱業、日本石油、東亜燃料工業、大協石油、丸善石油、興亜石油、三菱石油、昭和石油）は、石油精製聯合会を結成した。同会は、翌一九四六年に太平洋岸製油所の操業が禁止されると、GHQに対し、操業再開を求め必死の陳情を行った。

その頃、出光商会の店主で出光興産の社長であった出光佐三は、石油政策に関する意見具申をしばしば行った。例えば佐三は、一九四六年九月に星島二郎商工大臣らに宛てて「日本の石油業復建の基本方針」と題する意見書を提出し、一九四七年六月には石油配給についての意見書を関係各方面に配布した。それらのなかで佐三が提唱したのは、次のような内容であった。

「精製面では日本の会社は合同し製油設備を大規模化して再建する。また配給販売面では戦時統制機構を、抜本的に改廃して簡素能率化する。そしてわが国石油業の基礎を強化し、国際カルテルにも支配されることなく、内外各社が並び立って活動し、戦後の日本産業の復興発展に大いに寄与するような自由競争市場を再現」する。

（出光興産株式会社編、一九七〇、五六九頁）

文中の「内外各社が並び立って活動」する「自由競争市場」の創出とは、輸入原油消費地精製と製品輸入の両方を認めるということであり、消費者の選択肢を広げ便益を増やすという意味で、「消費者本位の出光」ならではの発想のたまものとみなすことができる。また、国内精製設備の統合は、今日においてもあてはまる、的を射た意見である。しかし、出光佐三が提言した当時は、太平洋岸製油所の操業禁止令が発せられた頃であり、提言内容は、まったく無視された。一方、提言に盛り込まれた配給業務の効率化については、GHQの方針に適合するものだったため、佐三の意見がまもなく取り入れられる結果となった。

石油配給公団の販売店に指定される

一九四六年（昭和二一）一〇月にGHQが発した「製油製品の配給に関する覚書」は、次のような指令をしたものであった。

(1)石油製品の配給に関する一切の法律、命令および規制の廃止（ただし、使用に関するものは引き続き効力を有することを認める）
(2)石油配給株式会社の解散
(3)全額政府出資による単一の配給機関の設立
(4)商工省、経済安定本部による石油製品消費者割当計画の策定

この覚書に基づいて、一九四七年六月に石油配給会社（石統）に代わる非営利の石油配給公団が設立

された。

石油配給公団は、石油供給民営移管へ向けての一段階として位置づけられ、一九四八年三月末までの期限付きで発足した（実際に解散したのは一九四九年三月末）。同公団は、「販売業者指定要領案」を作成し、販売業者の有資格者について現存業者、転廃業者、および海外引揚者（ただし、内地に本社を有した引揚者を除く）と限定したうえで、指定基準クリアの判定については店舗配給設備（賃借を含む）、資力、信用、経験および熱意の総合勘案によるものとした。

このなかで、販売業者の有資格者について「内地に本社を有した引揚者を除く」した部分は、明らかに出光を排除することを意味していた。石油配給公団の上層部には、旧石統の主な役員たちが含まれており、戦時中から続く出光と石統との確執は、ここでも尾を引いていた。

世上「出光毒殺事件」と呼ばれたこの問題は、結局、ＧＨＱの機会均等、自由競争の方針により、出光排除をめざした原案が撤回され、解決をみた。一九四七年一〇月、出光の全国二九店が石油配給公団指定の販売店となり、ここに出光は、念願の石油業への復帰を果たした。

出光が石油配給公団の販売店指定を受けるうえで大きな力となったのは、タンク底油回収作業で得た信頼や、同作業ならびにラジオ修理販売事業で使用した諸設備の存在であった。出光では、販売店指定の許可締切日に間に合わせるため、各地区での準備に追われ、清水や八幡浜では三〇〇トンの艀《はしけ》（バージ）を設備として申請したり、松江では締切三日前に大慌てで店舗を開設したりした。図8－1は、石油配給公団販売店指定後の一九四七年末時点における出光の店舗・事業場の分布を示した

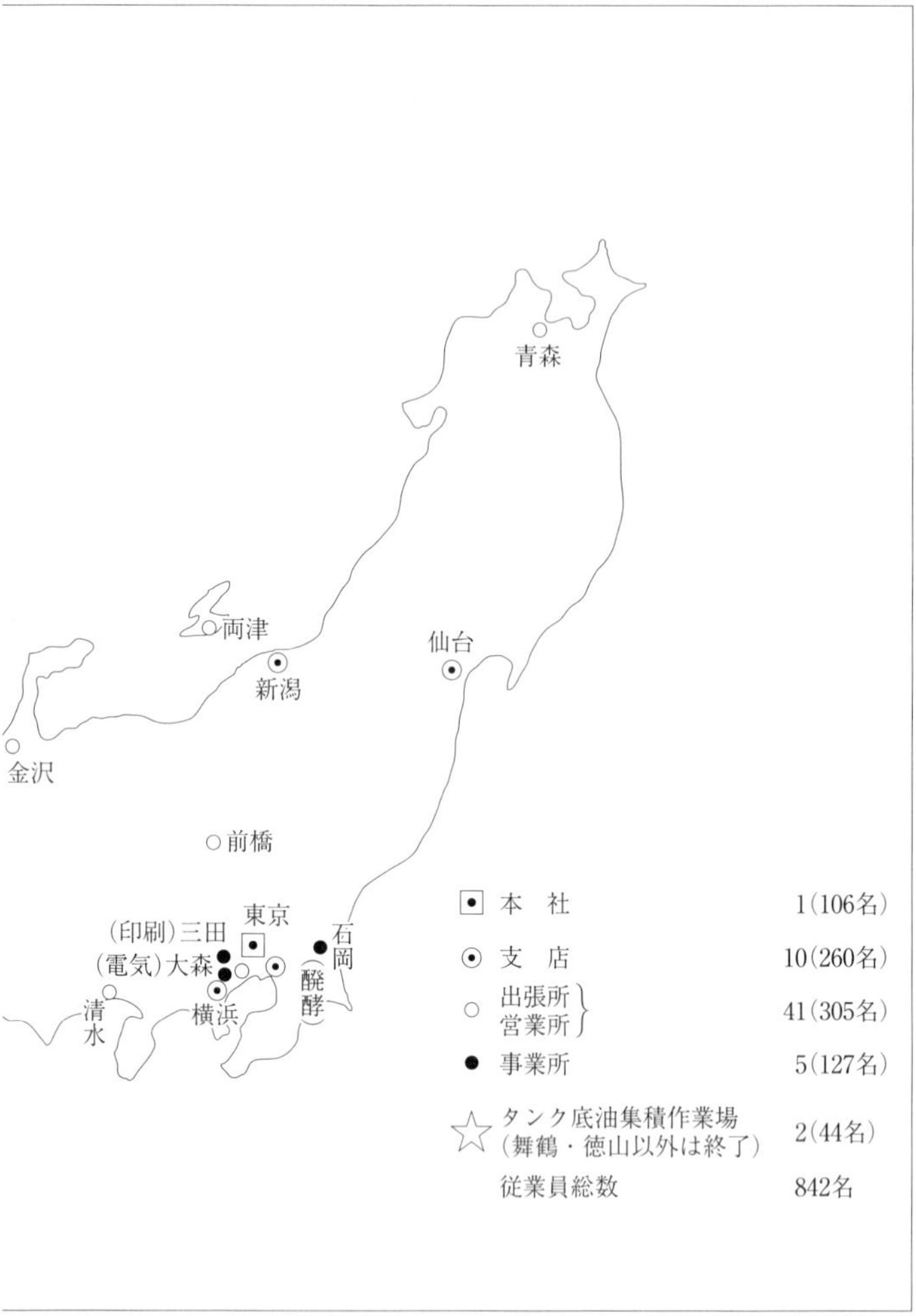

事業場の分布（1947年末）

図８－１　出光興産の店舗・

出所：出光興産株式会社編（1970），592～593頁。

ものである。

出光興産への統合と国内店舗網の形成

石油業への復帰に伴って出光は、企業体制の再編を行った。戦時下では、出光商会・出光興産・満洲出光興産・中華出光興産の四社体制で事業を推進してきたが、敗戦による外地事業の喪失などによって、その体制を維持することは不可能になった。そこで出光は、石油配給公団の販売店指定の一カ月後に当たる一九四七年（昭和二二）一一月に、出光商会を出光興産に合併する措置をとり、以後は、出光興産株式会社の一社体制で事業経営に臨むことになった。出光興産の社長は、引き続き出光佐三がつとめた。

表8−1からわかるように、出光は、一九四五年から四八年にかけて、日本国内の店舗網の形成に力を注いだ。意外に廃止店が多いのは、ラジオ修理販売事業・タンク底油回収作業から石油業への事業転換を反映したものである。このような激しい店舗開設と店舗廃止を経て、きわめて短期間に、戦後の出光興産を支える国内販売網の骨格ができあがっていった。

一九四九年二月一〇日の時点で、出光興産では八六三名の従業員が働いていた。このことは、終戦直後に出光佐三が明言した「馘首せず」の大方針が、基本的には貫かれたことを物語っている。

外油との販売提携構想とその破綻

石油業に復帰すると出光は、近い将来に配給業務が民営化されることを見越して、海外からの石油製品の供給源を確保するため、日本市場に参入しようとしている外国石油会社との提携交渉を進めた。これは、あくまで製品の販売面での提携をめざしたものであり、のちに同業他社の多くが進めたような資本提携を企図したものではなかった。

表８-１　出光商会・出光興産の店舗開設状況（1945～48年）

年	設置店	廃止店
1945	新潟，大山，木ノ本	朝鮮・台湾・満州・中国の全店
1946	札幌，厚岸，函館，仙台，青森，大湊，郡山，東京，小柴，市川，前橋，川越，小田原，沼津，清水，四日市，津，金沢，大阪，京都，舞鶴，姫路，丸亀，高知，八幡浜，松山，尾道，宇野，呉，松江，浜田，宇部，小郡，萩，徳山，下関，福岡，小倉，戸畑，佐賀，長崎，久留米，大牟田，宮崎，大分，直方，飯塚，熊本，油津，枕崎，佐世保，唐津，大森，石岡，三田	下関石配
1947	砂川，小樽，横浜，神戸，広島，鳥取，境，鹿児島	厚岸，大湊，小柴，津，戸畑，久留米，石岡，門司（商会）
1948	釧路，帯広，気仙沼，三崎，尼崎	郡山，市川，前橋，川越，小田原，沼津，宇野，呉，鳥取，浜田，小郡，大牟田，直方，飯塚，木ノ本

出所：出光興産株式会社人事部教育課編（2008），105～106頁。

出光は、まず、一九四七年（昭和二二）にカルテックスと交渉した。出光とカルテックスとの関係は、戦前に遡る。カルテックスの前身であるテキサスオイルは、中国の上海、漢口、天津に大型の油槽設備を持っていたが、スタンダードとシェルが支配する中国市場になかなか参入できなかった。そこで出光が、テキサスオイルに販売提携を申し入れ、手始めに漢口での販売契約を交わすところまでいった。しかし、日米開戦で、この契約は実現をみなかった。

戦後、日本市場への参入の機会をうかがっていたカルテックスは、一九四七年のある日、出光本社を訪れ、取引の可能性を打診してきた。その後、お互いの条件を出し合い、数度にわたり会合が重ねられた。しかし、カルテックスは、出光との交渉を突然、一方的に打ち切り、パートナーとして日本石油を選択した。交渉決裂の原因は、出光が対等の条件下での販売委託契約を主張したこと、カルテックス製品販売のための出光側の設備が不十分であったこと、などにあった。外国石油会社は、占領下にあった日本市場で有利な立場を築くことをめざしており、対等の関係を求める出光の主張は、カルテックスにとって受け入れがたい条件であった。また、当時の日本石油と出光では、設備や組織の規模の面で比べるまでもない違いがあった。出光は、カルテックス側に「日本石油を通じて御社の油を売ることになっても、なんら差し支えない。これまでの出光との交渉のことは気にせず、日石と契約してほしい」に伝え、カルテックスとの交渉に幕を引いた。

この出光・カルテックス間の交渉について、当時の事情に詳しい出光計助《けいすけ》（出光佐三の弟で、出光興産第二代社長）は、戦前外国石油会社（外油）と激しく対決していた出光が、なぜ終戦直後の時期に外油と提携しようとしたのかという問いに対して、一九九四年の時点で、以下のように答えている。

「店主の思想の根本は創業から一貫している。それは大地域小売業だ。終戦まではそれを当時の大東亜圏で実行したわけだが、戦後はそれを日本国内でやろうということだから、出光が全国で売る油をどこから手に入れるかということが、店主の頭の中にあった。外国会社と手を結ぼうとしたのは外油会社からその販売委託を受ける交渉をしたということだ。いわゆる外資提携ではない。むしろ外油の全国的な特約店になる交渉と言ってもいいかも知れない。あなたのところの石油を出光の大地域小売主義の販売網にのせて全国で売らせてくれ、ということだね。カルテックスとの交渉はある程度まで進んだが、途中でカルテックスは日石に交渉先を切り替えた。いろいろ事情もあったと思うが早い話が当時の出光と日石を比べてみたまえ。日石は製油所も持っておるし金持ちの会社だ。出光はそれこそ何もない。これじゃ出光よりも日石が有利になるのは当たり前だ」。

（出光興産株式会社店主室編、一九九四、七七頁）

カルテックスとの交渉が暗礁に乗り上げたのち、出光は、シェルやスタンダード・ヴァキューム（スタンヴァック）とも、販売委託契約をめぐる交渉を行った。出光がこのように外油との交渉を急いだのは、一九四八年八月にＧＨＱがスタンヴァック、シェル、カルテックスの外油三社に対して、在日連合国人への石油販売を許可し、その翌月、「主要輸入基地の民営移管と公団方式による石油配給統制の早期廃止」を指令したからである。

一九四八年三月までの一カ年の期限付きで発足した石油配給公団は、それに代わる制度の導入が遅れて存続したままであったが、これに代るプランとして浮上してきたのが、外油元売構想であった。これは、スタンヴァック、シェル、カルテックスの三社が原油、石油製品の日本市場での輸入・販売権を持ち、その総代理店（卸業者）に日本の精製八社がなったのち、八社の傘下に出光をはじめとする各石油業者を特約店として配するという案であった。

当時、出光は全国二九カ所で石油配給公団販売店の指定を受けて石油製品を販売していたが、この構想が実現すると、公団解散後は石油精製会社のどこともパイプがなく、石油製品を確保できなくなる。そこで、スタンヴァックやシェル、日本石油を主要な対象にして、製品販売委託の交渉を推し進めたのである。

これらのうち日本石油については、もともと出光が戦前に同社の特約店として地盤を有していた九州地区と名古屋地区以外では、販売権を獲得することが難しかった。交渉した三社のうち出光に最も好意的だったのは、戦前、外地で親会社（スタンダード社）が出光に市場を荒らされた経験を持つスタンヴァックであった。出光の実力を熟知していたスタンヴァックは、東北地区を中心に七〜八店、さらに出光へ供給してもよいと回答してきた。しかし、それでも、出光にとっては既存二九店舗分の供給量を確保することはできず、一部の地方ではスタンヴァックの各県の特約店に出資し、そこから出光向けに油を供給してもらうという、苦肉の策をとる動きもあった。

しかし、結局、この外油元売構想は、次章で述べるような外油各社の方針転換（輸入原油消費地精製主義の採用）もあって、実現することはなかった。その限りで言えば、出光は、いずれの外油と販売提携することもなく、大きな窮地を脱することができた。一方、日本の石油精製会社の多くは、原油の供給先を求めて、外資提携への道を突き進むことになった。

一九四七～四八年の出光と外油との販売提携交渉とその破綻を振り返って、出光計助は、先に紹介した回答のあとに、次のように述べている。

「出光は外国会社からふりまくられたが、出光の主義主張を曲げて外資と提携していたら今日の出光はないね。のどから手が出るほど欲しい油の供給先が目の前にありながら、主義主張に合わなければその会社と手を組まないということは、なかなかできるものではないね」。（出光興産株式会社店主室編、一九九四、七九頁）

外油との提携交渉が破綻する過程では、目先の利益よりも出光としての大義が貫かれたのである。

出光佐三の公職追放と出光興産の集中排除法指定

ここまで述べてきた石油政策のほかに、終戦直後の時期に出光が関わることになったGHQの占領政策が二つ存在した。公職追放と過度経済力集中排除法（集排法）指定が、それである。占領初期に経済の「民主化」を重点的に推進したGHQは、そのための具体策として公職追放、財閥解体、独占禁止法制定などを実行した。

これらのうち公職追放については、戦時中の各界指導者約二〇万人以上が対象とされた。出光商会店主で出光興産社長の出光佐三も、一九四六年（昭和二一）六月に貴族員議員の辞任を勧告された。佐三に対する公職追放は、一度は解除されたが、翌一九四七年二月、再度該当者に指定されることになった。その理由として挙げられたのは、次の点であった。

⑴満州、台湾、朝鮮において石油の輸入販売活動をなし、中支、南支においては石油事業を独占した。

⑵大東亜共栄圏をめざす日本の計画に積極的に協力した。

⑴については、これらの地域で長い間石油輸入事業を独占してきたのは米英石油会社の方であり、その独占に果敢に挑戦し風穴をあけたというのが、出光の事業活動の実態であった。⑵については、出光が各地で日本の軍部と対立しながら（場合によっては、軍部の迫害を受けながら）、消費者の便益向上のために民間事業者として効率化を追求した事実を見落とした、一方的な評価であった。しかし、占領下では正論が通用する範囲は限定されており、結局、出光佐三は、公職追放の対象となる憂き目にあい、一九五二年のサンフランシスコ講和条約発効まで公職につくことができなかった。ただし、公職追放は、出光佐三の民間事業者としての活動を制限するものではなかったので、出光商会・出光興産の経営に支障を及ぼすことはまったく無かった。

一方、独占禁止政策の一環として制定され、大企業の分割などを目的とした集排法は、一九四七年一二月に公布・施行された。GHQの意向を受けた持株会社整理委員会は、一九四八年二月に鉱工業部門二五七社に対して集排法を適用した。その際、帝国石油、日本石油、日本鉱業、丸善石油、三菱石油、昭和石油、出光興産、帝国燃料興業の八社が、集排法の指定を受けた。主要な石油精製会社で集排法の指定を受けなかったのは、東亜燃料工業、大協石油、興亜石油の三社だけであった。

しかし、GHQの占領政策の重点が「民主化」から「経済復興」へ変化したことを受けて、集排法指定を受けた石油八社のうち昭和石油、三菱石油、丸善石油、帝国燃料興業、出光興産の五社は、一九四八年五月に指定を解除された。残る帝国石油、日本石油、日本鉱業の三社も、翌一九四九年に指定から除外された。産業界全体で見ても、当初三二五社が集排法に指定されたが、同法に基づき実際に企業分割されたのは一一社にとどまった。集排法も、指定されたもののすぐに解除されたため、出光興産の経営には影響を及ぼさなかったのである。

第九章　元売指定と日章丸事件——一九四九〜五三年

1　元売指定と「民族系石油会社の雄」

元売会社に指定される

終戦直後の苦難を乗り越えた出光興産は、一九四九年（昭和二四）三月、元売業者制度の発足と同時に元売会社に指定された。この時点で元売会社に指定されたのは、スタンダード・ヴァキューム、シェル石油、カルテックス、日本石油、日本鉱業、昭和石油、三菱石油、ゼネラル物産、日本漁網船具、そして出光興産の一〇社だけであった。

石油配給機構の民営移管に伴い、元売会社の指定を受けるためには、「輸入基地を運営し、かつ配給能力を有するもの」という条件を充たす必要があった。出光興産の場合、「配給能力を有するもの」という点では問題がなかったが、「輸入基地を運営」するという点が問題であった。出光興産にとって、元売指定を実現するには、輸入基地を確保することが、不可欠の前提条件であった。

出光興産は、一九四八年九月にGHQが主要輸入基地の民営移管と石油配給公団による石油配給統制の廃止を指令すると、すぐに石油輸入基地の確保に全力を上げた。石油配給公団の基地は、全国各地に散在していたが、その中には、戦前、旧三井物産が保有していたもので、戦後、財閥解体により国有財産となり、公団が借り上げていたものが含まれていた。それらは、石油配給機構の民営移管後、旧三井系のゼネラル物産に売却されることが内定していたが、横浜の一商店が新聞を通じてこのやり方に抗議し、一転して公開入札にかけられることとなった。この入札に、出光興産とゼネラル物産は一括買受けで臨んだが、最終的には東日本、中部日本、西日本に三分割して売却することになり、一九四八年一二月、出光興産は、西日本の長崎(二カ所)、門司、宇部の四つの石油基地を入手した。

石油輸入基地の入手に際しては、四〇〇〇万円の資金が必要であったが、当時の出光興産にとって、それだけの大金を調達することは困難であった。出光佐三が東京銀行に融資を申し込むと、窓口となった太田営業部長は、先のタンク底油回収・集積作業で出光を理解していた人物で、同行の常務である人物を出光に紹介した。その常務は、四〇〇〇万円の融資を快く引き受け、出光興産は、元売指定の前提条件となる石油輸入基地を確保することができた。出光佐三は、その間の経緯を、次のように回顧している。

「その時分公団が借りあげていた三井所有の貯油施設が各地にあったんだよ。これを持株会社整理委員会で売り出すことになったんだね。それをGHQが内緒で三井にもう全部やることに図らってあったんだよ、うん。そして三井が落札することになっていたのを、横浜のある商店が『公表もせずに内緒で取引する法があるか』という異議を申し立てたらしいんだ。それでそれを公売に付すという発表が出たんだよ。（中略）そこでわれわれはその入札に加わることになった。

けれども、それが四千万円くらいの見込みだったが、その当時の出光なんていうものは、その四千万円の金が都合つく時代じゃなかったんだよ。で、まあどうしようかなあ、なんて考えてるときにね、偶然に、（中略）あの入札についてひとつ東京銀行に相談してみようという考えがほっと出て、ぽっと立ち上がって東京銀行に行ったんだ。（中略）そして東京銀行に行って、太田さんが営業部長しとったから、まあ一階の応接室でいろいろ事情を話したら、『それは非常にいいですな。だがなかなか東京銀行としちゃ難問題ですよ』と。（中略）『そりゃ非常にむずかしい問題だが、まあ重役室に行ってご覧なさい』というたんだよ。それで三階へエレベーターであがって行って、その人に話したら、いかなる風の吹きまわしか、一言で『それ、いいでしょう』というたよ、うん」。

（出光興産株式会社編、一九七〇、六〇九～六一〇頁）

東京銀行の支援で購入資金を調達した出光興産は、石油輸入帰基地を確保し、元売業者指定を実現したのである。

ただし、元売指定にいたる過程では、さらに一つの問題が発生した。一九四九年二月に先行して元売指定が内定した外国石油会社二社・国内石油会社三社が、追加的に元売指定の候補にあがった会社のうちの出光興産と日本漁網船具に関して、元売指定することに強く反対し、GHQと日本政府に対して陳情を繰り返したからである。しかし、政府は、これを「理由なき反対」として退け、最終的に出光興産と日本漁網船具の元売指定が決まった。

出光興産は、元売業者に指定されたことによって、石油の卸売と小売を兼業できるようになった。つまり、出光佐三が唱える「生産者より消費者へ」のモットーを、戦後の日本において実践する基盤を獲得することができたわけである。

一方で、出光商会創業以来、供給会社と特約店という関係にあった日本石油と出光との関係は、断絶されることになった。このことは、出光興産が、北は北海道から南は九州まで、日本国内で「大地域小売業」を実施する条件が整ったことを意味した。

元売業者への割当比率と店舗展開

元売制度が発足した当初は、まだ太平洋側製油所の操業が禁止されていたため、日本で流通する石油製品は、ガリオア資金（占領地救済政府資金）による輸入品と、少量の国産原油から精製品に限られていた。輸入製品については、GHQと日本政府が割当比率を決め、元売業者に払い下げられた。表9－1からわかるように、一九四九年（昭和二四）四月の元売業者に対する最初の割当比率は、外資系三社が計七二％を占め、国内七社には二七％が割り当てられたに過ぎなかった。

しかし、元売業者への割当比率は、販売実績によって修正されることになっていたので、販売能力以上に割り当てられていた外資系の比率は次第に減っていった。元売各社は、販売実績を伸ばすため、末端で熾烈な販売競争を展開した。とくに、特約店を競って採用した。このため、一九四七年の石油配給公団設立時に一五二〇店だったわが国の石油販売業者数は、元売制度が発足した一九四九年中にほぼ倍増するにいたった。この点について、GHQの文書は、次のように記述している。

「元売り業者と販売業者のそれぞれについて、認可基準を明確にした許可制が導入された。一九

表9-1　元売業者別石油製品割当比率（1949年）

（単位：%）

元売業者	1949年4月	1949年8月
スタンヴァック	24.00	21.833
シェル	24.00	21.838
カルテックス	24.00	24.964
日本石油	3.18	4.774
出光興産	6.12	5.696
昭和石油	4.61	4.702
三菱石油	4.29	4.525
ゼネラル物産	4.29	4.140
日本漁網船具	2.65	1.810
日本鉱業	1.84	2.282
丸善石油		1.394
興亜石油		0.836
大協石油		0.558
その他	1.02	0.648
合　計	100	100

出所：通商産業省通商産業政策史編纂委員会編（1992），420頁。

注：「その他」には，国産原油精製業者を含む。

四九年四月一日までには早くも十社が、元売り会社の指定を受けた。これら十社は、総計六一九カ所の二次的な貯蔵所を運用し、三一六八の販売業者およびその下請業者を傘下におさめていた。その後、新たに三社が、元売り業者としての追加指定を受けた。一九五一年六月現在、四〇〇〇以上にのぼる販売業者が認可を得ている」。

（橘川武郎解説・翻訳、一九九八、九一頁。底本は、連合国最高司令官総司令部資料の *History of the Nonmilitary Activities of the Occupation of Japan* の1分冊である *The Petroleum Industry.*）

出光は、石油配給公団指定の販売店として二九店で営業を開始した頃から、「サービスはまず石油より」というキャッチフレーズを掲げ、消費者へのサービスを前面に打ち出して配給活動を展開した。その後、一〇社の一角として最初に元売指定されてからは、出光興産の従業員の士気はさらに高まり、しだいに顧客の支持を集めていった。他の元売業者を圧倒する形で販売シェアを伸ばした出光興産には、石油製品の割当でもより高い比率が与えられるようになった。表9-2と表9-1を比べればわかるように、一九四九年八月に五・六九六%であった出光興産への割当比率は、一九五一年一月には九・八二三%まで四・一二七ポイントも高まった。これは、同じ期間にスタンヴァックが二・六八七ポイント（二一・八三三%→一九・一四六%）、シェルが八・七四七ポイント（二一・八三八%→一三・〇九一%）、カルテックスが八・九六二ポイント（二四・九六四%→一六・〇〇二%）、それぞれ割当比率を低下させたことと対照的であった。なお、表9-3は、元売会社に指定された一九四九年から出光佐三が死去する八一年にかけての、出光興産の店舗開設状況をまとめたものである。

メジャーズへ挑戦する民族系石油会社の雄

戦後の日本において出光佐三が国民的人気を得た最大の理由は、彼が、「民族系石油会社の雄」として、メジャーズ（大手国際石油会社）に真っ向から対峙した点に求めることができる。メジャーズに対する出光佐三の挑戦は、戦前から始まっていたが、敗戦を経ても変ることなく継続した。

GHQは、一九四九年（昭和二四）七月、日本政府にあてて「太平洋岸製油所の操業と原油の輸入についての覚書」を発し、日本サイドが待ちわびていた太平洋岸製油所の復旧許可の方針を示した。表9－4からわかるように、これと前後して、日本の石油業界の主流は、外資提携と消費地精製（原

表9－2　元売業者別石油製品割当比率（1951年）

（単位：％）

元売業者	1951年1月
スタンヴァック	19.146
シェル	13.091
カルテックス	16.002
日本石油	4.434
出光興産	9.823
昭和石油	5.822
三菱石油	5.698
ゼネラル物産	7.636
日本漁網船具	1.153
日本鉱業	3.726
丸善石油	7.133
興亜石油	2.411
大協石油	3.925
合　計	100

出所：橘川武郎解説・翻訳（1998），93頁。

表9-3　出光興産の店舗開設状況（1949〜81年）

年	設置店	廃止店
1949	室蘭，八戸，釜石，名古屋（油），伊勢，和歌山，新居浜，高松	帯広，丸亀，松江，佐賀，宮崎，熊本，小倉，鹿児島，大森
1950	室蘭（油），塩釜	砂川，三田
1951	焼津，波崎	和歌山，大山
1952	松本，岡山，呉，ロサンゼルス	波崎，松山
1953	会津若松，太田，伏木（油）	油津，枕崎
1954	千葉，奈良，テヘラン	尼崎，姫路
1955	堺，宮崎，鹿児島，ニューヨーク	
1956	堺	
1957		
1958	郡山，姫路，米子（境油槽所を含む），岩国，熊本	
1959	水戸	テヘラン
1960	大宮，立川，旭川，松山	八幡浜，別府
1961	新宿，麻布，十条，深川，東京港，船橋，川崎，佐賀，大牟田，山形，秋田，帯広，浜松，徳島，前橋（太田油槽所を含む），北見，宇都宮	塩釜
1962	豊橋，姫路建設事務所，富山（伏木油槽所を含む）	
1963	盛岡，和歌山，江東（油）	新宿，麻布，十条，深川，東京港，若松，唐津
1964	堺	
1965	福山，化学大阪	尾道
1966	福井，甲府，荒川（油），化学ニューヨーク	
1967	岸和田（油），長野，いわき，勝浦，久留米，大津，平塚，鳥取，大垣，化学名古屋	
1968	川口，柏，江東，十条，荻窪，五反田，東京港，苫小牧（油）	室蘭（油），長崎（油）
1969	化学バンコク	いわき，平塚，大垣，川口，柏，船橋，三崎
1970	化学シンガポール	勝浦，川崎
1971	沖縄	久留米，鳥取
1972	化学東京	小樽，呉，気仙沼
1973	ベイルート，テヘラン，化学福岡	岩国
1974	クウェート，ロンドン，リヤド，化学ロンドン	焼津，会津若松
1975	アブダビ	東京港，台北，ベイルート
1976		
1977	シンガポール	
1978	苫小牧，オーストラリア，リオ・デ・ジャネイロ	III，バンコク，室蘭
1979		
1980	ダハラン，カルガリー	
1981		

出所：出光興産株式会社人事部教育課編（2008），106〜118頁。

注：1．（油）は，国内貯油施設を意味する。

2．IIIは，ニューヨーク法人のイデミツ・インターナショナル・インコーポレテッド。

表９－４　終戦後1952年までの日本の石油会社による主要な外資提携契約

提携会社	締結年月日	契約内容	外資側契約主体
東亜燃料工業＆スタンヴァック	1949. 2 . 11 1951. 7 . 1	資本提携契約[51%] 技術提携契約	スタンヴァック スタンヴァック
日本石油＆カルテックス	1949. 3 . 25 1950. 4 . 21 1951. 5 . 16	石油製品委託販売契約 原油委託精製契約 共同出資子会社（日本石油精製）設立契約[50%]	カルテックス・ジャパン カルテックス・ジャパン カルテックス・プロダクツ
三菱石油＆タイド・ウォーター	1949. 3 . 31	資本提携契約[50%]	タイド・ウォーター
昭和石油＆シェル	1949. 6 . 20 1951. 6 . 28 1952. 12. 3	原油委託精製契約 資本提携契約[26%] 資本提携契約[50%]	シェル・ジャパン シェル・ジャパン シェル・ジャパン
興亜石油＆カルテックス	1949. 7 . 13 1950. 7 . 20	原油委託精製契約 資本提携契約[50%]	カルテックス・ジャパン カルテックス・ジャパン
丸善石油＆ユニオン	1949. 10. 21	原油供給及び石油製品委託販売契約	ユニオン
丸善石油＆シェル	1951. 6 .―	原油委託精製契約	シェル・ジャパン

出所：通商産業省通商産業政策史編纂委員会編（1992），429頁。
注：1．[　] 内は，資本提携契約における外資側の出資比率。
　　2．―は，日付不明。
　　3．「契約内容」は，主要な内容のみ掲げた。

油輸入精製）へシフトした。これに対して出光興産は、外資と提携せず、石油製品の輸入を重視する方針をとった。

まず、外資との関係について見れば、出光興産がカルテックス、スタンダード・ヴァキューム、シェルなどと提携交渉を進めた事実はあったが、これらの交渉はいずれも結実しなかった。その経過について高倉秀二は、次のように説明している。

「出光興産は当時まだ製油所をもっておらず、また元会社〔元売会社のこと〕になったことで日石との関係を絶たれ、石油製品の供給源を外資に求める必要は他のどの会社よりも大きかった。事実、他社にさきがけてカルテックス、スタンダード、シェル等と販売交渉を進めていた。だが、いずれも不調に終っている。交渉過程で外資は出光の経営権にまで容喙《ようかい》しようとしてき、出光は会社の主義方針や独立を脅かす一切の提携条件を拒否したからだ」。（高倉秀二、一九八三、一〇五頁）

こうして出光興産は、外資提携の道を拒否し、メジャーズ以外の独立系外国石油会社からの石油製品輸入に活路を見出すことになった。一九五三年の「日章丸事件」も、このような文脈のなかで生じた出来事であった。メジャーズに果敢に挑戦する出光佐三は、いつしか、「民族系石油会社の雄」と呼ばれるにいたった。

石油製品輸入継続を主張

石油製品の輸入について見れば、一九五〇年代初頭に出光興産は、メジャーズの先導のもと、原油輸入一本槍の消費地精製方式へ突き進む日本の石油業界の主流に対抗して、石油製品輸入も必要であることをさかんに主張した。これは、精製設備をまだ有していなかった同社の立場を反映したものでもあったが、より根本的には、消費者の便益を最優先させるという、出光佐三の事業理念を具現化したものだった。

一九五一年（昭和二六）四月ごろから日本の石油業界では、原油輸入か製品輸入かをめぐって、激しい論戦が展開された。精製八社で組織する石油精製懇話会は、『我国石油政策の在り方』と題するパンフレットを配布し、その中で、「原油の確保と国内精製能力の整備と近代化を通じて、石油製品の国内自給力を確保することが石油政策の基本目標でなければならない」、と主張した。また、争点の一つとなっていた石油価格問題については「現在の世界の石油業は完全な機構による高度な計画生産によって石油製品需要を安定的に賄っているので、製品の国際的ダンピングは考えられない」とした。さらに原油輸入、国内生産のメリットについて、⑴外貨の節約になる、⑵国内製品価格は輸入製品価格より安い、⑶海外市場の価格変動の影響を縮小できる、などの諸点を挙げた。

これに対して出光興産は、一九五一年六月、『消費者本位の政策』と題する意見書を発表し、こう反論した。

「石油消費国であるわが国が消費者本位の石油政策をとるべきは議論の余地ないことである。広く世界市場に優良安価なる石油を求め、これに関税法の命ずる輸入税を課したる基礎の上にわが国の石油価格即ち国際的自由価格が決する。産業貿易発展の原動力たる燃料重油を無税としている。さらに原油を無税として揮発油、潤滑油其他製品に輸入税を課して製油所を保護している。製油所は此の保護の範囲内で存在すべきである。

不幸にして、戦後過大なる焼け機械が修理復旧されたため、原油優先主義が採られ、製油保護の形となった。自由取引によって適量の製品が輸入された場合と現状を比較するに、現在は価格は高く消費者の犠牲は大きく、外貨は乱費されている結果となっている。（中略）

わが国の現状は、製油所復旧の行き過ぎ、原油優先輸入、製品輸入の禁止、石油価格の高騰、消費者の犠牲、産業貿易の発展阻害、外貨の損失等々の事実である。

この非難が当っているか否かを検討する唯一の道は、製品輸入禁止という鉄のカーテンを取除くだけのことである。簡単なことである。

かくて原油製品の輸入を機会均等ならしめて、わが石油市場と世界市場とを直結し、石油を自由に流しむれば、あたかも水の低きに流れるが如く、消費者の好む石油は自然と輸入される。これが原油であると製品であるとを問うのではない。どちらでもよいのである。

製品の輸入を禁止して国際価格を目隠ししたる鉄のカーテンの中の仕事をやめよということである。

何が故に製品輸入に外貨を与えないか。

何が故に製品輸入を恐れるか」。（出光興産株式会社編、一九七〇、六三三～六三四頁）

ここで、出光興産が主張したのは、自由競争の原理であった。例えば外貨の節約については、石油の国際価格を調査しないで、原油輸入ないし製品輸入のいずれかが有利であるとあらかじめ決定するのはおかしい、優良安価なる石油の供給によって産業貿易を促進させ、間接的に外貨を獲得することこそ重要である、ということであった。

一般論としては、石油製品について、海外で精製後輸入したものと国内で精製したものと、どちらが価格面などで消費者の便益にかなうかは、一概には言えない。欧米諸国におけるメジャーズ以外のインディペンデント（独立系）と呼ばれる石油会社の動向、産油国における石油下流事業の展開の度合いなどによって、状況は変わる。しかし、いずれにしても、輸入品を選択するか国内精製品を選択するかは消費者の裁量によるべきであり、あらかじめ選択肢を国内精製品のみに限定するのは、消費者の便益に反するというのが、出光佐三率いる出光興産の主張であった。

しかし、メジャー各社の意向がGHQの政策に色濃く反映し、その意向に沿う形でわが国の石油業界で外資提携が進み、日本政府も消費地精製の枠組みを堅持しようと考えていた状況の下では、出光興産が主張する自由競争の原理が受け入れられる素地は、ほとんどなかった。日本政府は、需給面で不足する分のみを石油製品輸入で充足する方針をとった。このため、一九五一年四月の外貨割当は、およそ原油七：製品三という比率で実施された。日本の原油輸入量は、一九四九年度二万四〇〇〇キロリットル、一九五〇年度一八〇万キロリットル、一九五二年度四八二万キロリットルと急増したが、製品輸入の方は、この間、一〇〇万キロリットル程度で推移するにとどまった。

アポロガソリンの輸入販売

一九五二年（昭和二七）四月、サンフランシスコ講和条約が発効し占領が終結して、外貨割当の権限が日本側に委譲されると、出光興産に対しても、量的に限界があるものの、ガソリン輸入の外貨が割り当てられるようになった。そこで出光興産は、軽油や重油だけでなく、ガソリンの輸入にも携わった。日本市場において出光興産がアポロの商標で発売したこのガソリンは、消費地精製方式により国内で精製・販売されるガソリンよりもオクタン価が高かった。国内精製のガソリンのオクタン価が六〇台であったのに対して、アポロガソリンのそれは七五を超えたのであり、「アポロガソリンを使うと馬力が違う。箱根の山をエンストなしに越えられる」と評判になった。

この高オクタン価ガソリンの輸入について、出光興産株式会社人事部教育課編（二〇〇八）は次のように記述している。

「同年〔一九五二年〕四月国内業者の猛烈な反対にもかかわらず、戦後はじめて揮発油の輸入にも外貨が割り当てられた。同年五月、出光はただちに日章丸を駆ってアメリカから高オクタン価のガソリンを輸入し、全国各地で販売した。当時国内で精製販売されていたガソリンはオクタン価を無視したものであったが、出光によって輸入されたガソリンは七十七オクタンもあり、ここに日本においてはじめて自動車にオクタン価の必要なることを知らしめた。品質も優良でしかも値段が安いことがわかり、アポロガソリンの名声は全国に喧伝《けんでん》せられた。このアポロガソリンに驚いたカルテルは、西部海岸での販売を拒否したため、日章丸はやむなくパナマを越えて遠くヒューストンから、あるいはベネズエラから輸入して、国内消費者の要望に応えた。一方国内製油所はガソリンの輸入に対抗するため、高オクタン価ガソリン製造装置を輸入し、国内製品の品質向上は大いに促進されたのである」。（四〇～四一頁）

この文章にあるとおり、アポロガソリンの登場は、日本のガソリンの品質問題に一石を投じた。その後、石油精製各社は、改質装置や分解装置の導入を進め、日本のガソリンの品質が全体的に向上していったのである。

2　日章丸事件とその成果

日章丸事件

生産国から石油製品を直接輸入し、日本市場で販売して消費者に便益をもたらすという、出光興産の「生産者より消費者へ」のビジネスモデルは、一九五三年（昭和二八）に、歴史に残る快挙をもたらした。イギリス系メジャー、アングロ・イラニアン（一九五四年にブリティッシュ・ペトロリアム＝BPと改称）社の国有化問題でイギリスと係争中であったイランに、自社船の

表 9-5　「日章丸事件」をめぐる事実経過

年月日	出　来　事
1951. 3	イラン国民議会，石油国有化法案可決。
1951. 6	イラン政府，アングロ・イラニアン社（ア・イ社）の施設を接収。
1951. 秋	出光興産に対し，イラン石油の買入れを求める動きが，日本国内で始まる。
1952. 6	イラン石油を積載したイタリア船ローズマリー号，アデンでイギリスに拿捕される。
1952. 7 . 22	国際司法裁判所（ハーグ），イランの石油国有化に対するイギリスの提訴を却下。
1952. 9	アメリカ・アチソン国務長官，イランの石油国有化を既成事実として認める旨声明。
1952. 11. 15	出光興産，イラン・モサデグ首相の招請受け，出光計助副社長と手島常務を派遣。
1953. 1 . 9	アデン最高裁判所，イタリア船ローズマリー号積荷のイラン石油のア・イ社への返却を命令。
1953. 2 . 14	出光興産，イラン国営石油会社（NIOC）とのあいだで石油売買の基本契約・補足協定を締結。
1953. 3	ヴェニス裁判所，ア・イ社によるイタリア船積載イラン石油仮処分の申し立てを却下。
1953. 3 . 23	日章丸二世，イランへ向けて神戸港を出発。
1953. 4 . 10	日章丸二世，アバダン入港。
1953. 4 . 13	イギリス政府，日本政府に真相調査を要請。
1953. 5 . 6	ア・イ社，日章丸二世積載イラン石油の仮処分を東京地方裁判所に提訴。
1953. 5 . 9	日章丸二世，イランから川崎港へ帰着。
1953. 5 . 27	東京地裁，ア・イ社の提訴を却下。ア・イ社，ただちに東京高裁へ控訴。
1953. 8 . 19	イランでクーデター，モサデグ政権転覆され，ザヘディーが新首相に就任。
1953. 9 . 11	東京高裁，ア・イ社の控訴を棄却。
1954. 4 . 10	イラン石油販売の国際合弁会社（コンソーシアム）結成。
1954. 8 . 5	イラン，コンソーシアム間に石油協定成立。出光興産・NIOC 間の既存契約の履行は困難に。
1954. 11. 12	ア・イ社，東京地裁への訴訟を取下げ。
1955. 8 . 27	出光興産・NIOC 間で第 2 次補足協定成立。出光興産，イラン原油を輸入。
1956. 8	イラン皇帝，コンソーシアム地域以外の油田開発を日本に勧める。
1957. 6	日本政府，イラン油田開発を出光興産中心に進める方針を決定。
1958. 7	出光興産，パン・アメリカンの大陸棚利権落札により，イランでの油田開発を断念。

出所：出光興産株式会社編（1970），642～644頁。

日章丸二世をさし向け、大量の石油を買い付けて日本で輸入、販売した「日章丸事件」が、それである。本書の冒頭でも紹介したように、メジャーらによるイラン石油ボイコットの包囲網を突き破ったこの日章丸事件は、世界の耳目を集め、一大センセーションを巻き起こした。表9－5は、日章丸事件をめぐる事実経過をまとめたものである。

出光興産とイランとの協定では、一九五三年二月一四日から二カ月以内に、イランのアバダンに第一船を入港させる約束だった。同年三月一六日に日章丸二世はロサンゼルスからガソリンを満載して川崎に帰港したが、出光佐三社長は、その時、新田辰男船長にアバダン行きの指令を下した。神戸港で残りの積荷を降ろした日章丸二世は、一九五三年三月二三日、新田船長と竹中機関長以外、五五名の乗組員にはその危険な行き先も知らされないまま、イランへと向かった。

出光佐三社長は、神戸港で日章丸二世を見送ったときの心境を、次のように綴っている。

「国家的大使命を帯びた日章丸の船出は勇ましく、かつ熱狂的なものであらねばならぬ。にもかかわらず、私がただ独り、人目をさけての淋しい見送りである。新田船長は持ち前の豪快な笑いに、何ものかをまぎらしている。竹中機関長はニヤニヤと物静かである。絶好のコンビであり、死を覚悟している人とは思えない二人の落着きぶりである。船員は船出の忙しい中にも、それぞれ嬉々として妻子としばしの別れを惜しんでいる。どこまでも、しばしの別れと信じられている。血涙を押しこらえている私は……私が船に乗って行けば……と思った。鈍重なるエンジンの音とともに、巨体はすべり出した。歓喜はあがり、テープは五色にひかれた。私はただ船の行方を見守った。妻子を見るに忍びない。船は次第に小さく水平線に消えた」。

（出光佐三、一九七二、第一巻四八二頁）

神戸港を出発して一週間後の一九五三年三月三〇日、日章丸二世は、南シナ海を経てマラッカ海峡に差し掛かった。無線で船名と行き先を聞いてきたので、新田船長は、行き先をサウジアラビアの石油積出港であるラスタヌラと返信し、船を進めた。海峡の入り口にあるシンガポールは、当時、イギリスの管轄下にあったため、イランからの帰路は、当然、この海峡は使えない。新田船長は、あらかじめ、帰路については、ジャワ島寄りのスンダ海峡を通ることを決めていた。

さらに数日後、日章丸はインド洋からホルムズ海峡を通り、明日ペルシャ湾に入るというところまで来た。そこで初めて新田船長は、「行き先を変更し、アバダンへ行く」と乗組員に告げた。乗組員は全員、イタリアのタンカーがイギリス海軍に拿捕されたことを知っており、行き先の変更を告げられて驚いた。しかし、それ以上に、そのとき新田船長が読み上げた出光佐三社長の乗組員にあてた激励文に感動し、任務の重大さを自覚して結束を固めた。その激励文には、アメリカ西海岸からのガソリン輸入を日章丸二世の「第一の矢」、パナマ運河を越えてのメキシコ湾岸等からのガソリン輸入を「第二の矢」、イランからの石油輸入を「第三の矢」としたうえで、「今や日章丸は最も意義ある第三の矢として弦を放れたのである。行く手には防壁防塞の難関がありこれを阻むだろう。しかしながら弓は桑の弓であり矢は石をも徹すものである。ここに我国は初めて世界石油大資源と直結したる確固不動の石油国策確立の基礎を射止めるのである。この第三矢は敵の心胆を寒からしめ諸君の労苦を慰するに充分である事を信ずるものである」（出光佐三、一九七二、第一巻四八二頁）、と記されていた。

一九五三年四月一〇日午後〇時一五分、日章丸二世は、イランのアバダン港に入港した。イラン側の大歓迎を受け、その巨体を桟橋に横付けした。日本のタンカーがイランに入港したニュースは、その日のうちに世界中に発信された。日本では、出光佐三社長が外務省に出向き、イラン石油買い付け

日章丸２世からアバダン製油所を望む
（出光興産提供）

川崎油槽所に着桟した日章丸２世
（出光興産提供）

の事実を正式に報告した。翌一一日には、出光興産が、本社で記者会見を開き、事実経過を説明した。二日後の四月一三日、イギリスは日本政府に対して、真相の調査を要請した。これを受けて日本の外務省は、出光佐三社長を呼び出し、調査に乗り出した。

日本の新聞は、この「日章丸事件」を、連日大きく報じた。敗戦後の重圧に耐えていた多くの日本国民は、イギリスの圧力をはね退け、イランに直接、石油を買い付けに行った日章丸二世の「快挙」に沸き立った。政財官界の一部には、イギリスの報復を危惧する声もあったが、出光興産本社には、日章丸二世を激励する電報や手紙が多数寄せられ、この国民の支持が出光興産には大きな力となった。

アバダンで二万一八〇〇キロリットルの石油（ガソリン、軽油）を積載した日章丸二世は、帰路に就いた。当初は、一九五三年五月七日の木曜日に帰国する予定だったが、途中あえて速度を落とし、九日の土曜日に川崎港に入港し、川崎油槽所に着桟した。

アングロ・イラニアン社は、一九五三年五月六日、日章丸二世が帰港する直前のタイミングで、積荷の仮処分を東京地検に提訴した。しかし、出光興産側も当然、それを予想し、裁判所が休みとなる日曜日の前日の午後を選んで入港させ、即座に荷揚げできる体制を敷いた。さらに、前もって東京と横浜の裁判所に上申書を出し、アングロ・イラニアン社の仮処分申請があった場合には、出光興産側に口頭弁論の機会を与えるよう要求していた。

一九五三年五月九日の午後、東京地裁で開かれた口頭弁論は、一企業訴訟事件の枠を超え、衆人環視の的となった。積荷の石油の所有権を主張するアングロ・イラニアン社は、「日章丸の積荷の石油を陸揚げしつつあるが、出光はこの石油をどこへ移すか分からないでの、船ごと差し押さえて欲しい」と訴えた。これに対して証人台に立った出光佐三社長は、「この問題は国際紛争を起こしておりますが、私としては日本国民の一人として、俯仰《ふぎょう》天地に愧《は》じない行動をもって終始することを、裁判長にお誓いいたします」と、誇りをもって反論した。

東京地裁での口頭弁論はその後も何回か開かれたが、結局、一九五三年五月二七日の判決で、アングロ・イラニアン社の仮処分申請は、「理由がない」として却下された。出光興産側の全面勝利となったわけである。この判決を受けて、出光興産川崎油槽所の石油タンクの封印も解かれた。アングロ・イラニアン社は、ただちに東京高裁に控訴するなど訴訟を継続したが、出光勝訴の判決が覆ることはなかった。

日章丸の奇跡の意義

日章丸二世によるイラン石油の輸入は、イランでの政変の影響もあって足掛け五年で終わったが、出光興産の発展にとっては、きわめて大きな意義をもった。出光興産によるイラン石油の輸入が始まった一九五三年（昭和二八）五月から日本市場でのガソリン価格は一リットル当たり二・五円、灯油価格は一リットル当たり三円程度下がり、消費者に利益をもたらすとともに、出光興産にも大きな利益をもたらした。日章丸事件をめぐる一連のマスコミ報道を通じて、日本国内での出光興産の知名度は飛躍的に向上し、傘下の販売店数が急増する現象が全国的に生じた。

また、出光興産のイラン石油輸入は、一九七三年の第一次石油危機後に広まることになる産油国との直接取引の先駆けをなすものだった。メジャーや商社に依存しない出光興産の経営体質は、より強固なものとなった。

日章丸事件は、日本とイランとの関係を緊密化させた点でも、重要な意味をもった。一九九一年（平成三）一〇月、イランの国営石油会社（NIOC）と出光興産は、日章丸事件四十周年の記念式典をテヘランで開催した。

本書の冒頭でも言及したように、敗戦ですっかり打ちひしがれていた当時の日本国民にとって、連合国の中心的な一角を占めたイギリスに正面から堂々とわたりあって勝利を収めた出光興産の「日章丸事件」は、まさに奇跡的な出来事であった。日章丸の奇跡は、「民族系石油会社の雄」出光興産に対する社会的評価を大いに向上させるとともに、日本経済全体の奇跡の復興、すなわち一九五〇年代半ばから始まる高度成長の呼び水の一つともなった。

第十章　徳山製油所の建設——一九五四〜五七年

1　着工にいたる経緯

自前の製油所の必要性

一九五〇年代の半ば、出光興産の事業活動は、徳山製油所の建設により、大きな転換点を迎えた。これによって、出光は、創業以来の商業者から製造業者（メーカー）へ、変身を遂げることになったのである。

出光興産は、一九四九年（昭和二四）に元売指定を受けたのち、日本で消費地精製方式が主流となるなかでも、製品輸入の重要性を主張していた。ただし、これは、選択肢を増やすことによって消費者の便益を増進させるため、原油の消費地精製だけでなく石油製品の輸入も並行して行うべきだと主張したものであり、けっして、国内での製油所建設を否定したものではなかった。

その後、一九五五年頃、消費地精製主義に基づく日本政府の規制が強化され、外貨割当制度により重油と潤滑油以外の石油製品の輸入が認められなくなると、出光興産は、原油をメインに輸入するようになった。出光興産は、丸善石油、大協石油、興亜石油の三社と委託精製契約を結び、そこで輸入した原油を製品化していた。しかし、石油製品の需給が逼迫したため、各社の精製余力に限界が生じ、委託契約の継続が難しくなった。出光興産にとって、自前の製油所を建設することが緊急の課題となったのである。

徳山の海軍燃料廠跡地の払い下げ

出光興産は、元売指定を受けたころから、山口県徳山市の海軍燃料廠跡地を候補地として、将来、そこに製油所を建設する構想をひそかに温めていた。そして、それが現実となった。

徳山は、かつて山陽本線の終点、門司と結ぶ連絡船の発着地として賑わいを見せていた。一九〇一年（明治三四）に山陽本線が全通してからは、工場誘致に力を入れ、一九〇五年に海軍燃料廠の前身となる海軍練炭製造所の開所を実現した。海軍練炭製造所は、一九三七年（昭和一二）に海軍燃料廠と改称し、船舶用重油の精製を行うようになった。

海軍の拠点となった徳山は、第二次世界大戦の最中、アメリカ軍の恰好の攻撃対象となり、二度の空襲で市街地の大半を消失した。爆撃によって海軍燃料廠は壊滅し、二七〇名の死者を出した。

出光は、第二次大戦終結後、賠償物件として大蔵省の管理下に置かれていた海軍燃料廠跡でタンク底油の回収を請け負い、元売指定後は、二〇万坪に及ぶこの土地に的を絞って、製油所建設予定地として調査を開始した。そして、一九五〇年三月に跡地の中央にある穀物倉庫の払い下げを受け、同時

郵便はがき

料金受取人払郵便

山科支店
承認

66

差出有効期間
平成25年5月
30日まで

6078790

(受取人)
京都市山科区
日ノ岡堤谷町1番地

㈱ミネルヴァ書房
ミネルヴァ日本評伝選編集部 行

◆以下のアンケートにお答え下さい。

＊　お求めの書店名

＿＿＿＿＿＿市区町村＿＿＿＿＿＿＿＿＿＿＿＿＿＿書店

＊　この本をどのようにしてお知りになりましたか？　以下の中から選び、3つまで○をお付け下さい。

A.広告(　　　　)を見て　B.店頭で見て　C.知人·友人の薦め
D.図書館で借りて　E.ミネルヴァ書房図書目録　F.ミネルヴァ通信
G.書評(　　　　)を見て　H.講演会など　I.テレビ・ラジオ
J.出版ダイジェスト　K.これから出る本　L.他の本を読んで
M.DM　N.ホームページ(　　　　　　　　)を見て
O.書店の案内で　P.その他(　　　　　　　　)

＊新刊案内（DM）不要の方は×をつけて下さい。 □

ミネルヴァ日本評伝選愛読者カード

書　名　お買上の本のタイトルをご記入下さい。

◆上記の本に関するご感想、またはご意見・ご希望などをお書き下さい。
「ミネルヴァ通信」での採用分には図書券を贈呈いたします。

◆あなたがこの本を購入された理由に○をお付け下さい。(いくつでも可)
A.人物に興味・関心がある　B.著者のファン　C.時代に興味・関心がある
D.分野(ex. 芸術、政治)に興味・関心がある　E.評伝に興味・関心がある
F.その他（　　　　　　　　　　　　　　　　）

◆今後、とりあげてほしい人物・執筆してほしい著者(できればその理由も)

〒

ご住所　　　　Tel　　（　　　　）

年齢　性別

お名前《ふりがな》　　歳　男・女

ご職業・学校名
（所属・専門）

Eメール

ミネルヴァ書房ホームページ　http://www.minervashobo.co.jp/

に周辺の約五八〇〇坪の土地を取得した。さらに一九五〇年一二月には、一万八〇〇〇坪の隣接地の払い下げを受けた。

全国四カ所の海軍燃料廠跡地は、いずれも良好な港湾と広大な敷地を有し、一九五四年の接収解除を前に、石油業、化学工業、鉱山業などに携わる多くの企業が、払い下げを求めて活動していた。徳山では、シェルと提携した昭和石油と出光興産との競願となり、払い下げをめぐって熾烈な攻防が展開された。

一九五四年三月、昭和石油は、大蔵省から徳山海軍燃料廠跡地の東川以西五万坪の払い下げを受け、翌五五年四月、製油所の起工式を行った。残る東川以東の一二万坪をめぐり、昭和石油は半分以上、出光興産は全敷地の払い下げをそれぞれ主張し、政界や地域の有力者を巻き込んでの攻防が続いた。

地元の大勢は石油精製に実績のある昭和石油に傾いていたが、出光興産は、「七人の侍」と呼ばれた徳山市民有志の支援や、「電力の鬼」と言われた松永安左エ門、当時の石橋湛山通産相（のちの首相）、池田勇人前蔵相（のちの首相）らの援助を受けて、巻き返しを図った。巻き返しは功を奏し、一九五五年八月、徳山の旧第三海軍燃料廠跡地については出光興産への払い下げが決まり、昭和石油に対しては四日市の旧第二海軍燃料廠跡地が貸与されることになった。これによって出光興産は、すでに払い下げを受けていた国有地や買収していた私有地と併せ合計一六万坪の土地を、徳山製油所建設用地として保有することになった。

2　第二の創業

わずか一〇カ月間で竣工

当時の日本では、製油所の建設には、少なくとも二年はかかるとされていた。しかし、一九五七年（昭和三二）度以降、重油・潤滑油以外の石油製品輸入が打ち切られ、丸善石油・大協石油・興亜石油への委託精製契約も一九五七年三月末で期限切れとなることから、出光興産としては、どうしても一九五七年三月末までに自前の製油所を完成させなければならなかった。そこで、出光興産は、設計を請け負うアメリカのＵＯＰ（Universal Oil Products Co.）、建設全体を担当する鹿島建設、装置の設計を受け持つ日本揮発油（日揮）をはじめとする協力各社に、短期間での工事完了を強く要請した。

一九五六年三月にＵＯＰから徳山製油所の設計図が届くと、出光興産は、その月の二八日には起工式を挙行し、二カ月後の五月に建設工事を本格的にスタートさせた。徳山製油所の建設は、日曜祭日、年末年始を返上し、突貫工事として行われた。トッピング装置や二次装置、タンク群が着々と姿を整えていくなか、出光興産の社員は、不眠不休に近い状態で、機器・機材の納品チェックや運転準備にあたった。一九五六年四月に入社したばかりの若い技術者も、半年後には調達の業務に加わり、貴重な即戦力となった。

当時は、物価の上昇が著しく、見積書の有効期限は一週間とされ、次々に値上がりしていく資材に、徳山製油所の建設担当者は頭を悩ませた。また、アメリカからの機器の搬送が、鉄鋼ストライキや港湾ストライキに巻き込まれ、予定より遅れる一幕もあった。しかし、これらすべての困難を乗り越えて、突貫工事は続けられた。

一九五七年三月一七日、出光にとって最初の製造施設となる徳山製油所が、着工からわずか一〇カ月の短期間で完成し、火入れ式が行われた。古式に則った神事に続き、出光佐三社長がトッピング装置の加熱炉に点火棒を差し込むと、バーナーの轟音があがり、拍手と歓声に包まれた。メーカーとしての出光興産が誕生した瞬間であった。

「第二の創業の地」で発揮された日本人の底力

徳山製油所の竣工により、山口県徳山市は、出光にとっての「第二の創業の地」と言われるようになった。徳山製油所には、最新鋭のトッピング装置やFCC（流動接触分解）装置だけでなく、日本初の接触水添脱硫装置（ユニファイナー）、連続揮発油洗滌装置（ユニゾール）、大和技師長発案による連続アスファルト製造装置、硫黄回収装置、CO（一酸化炭素）ボイラーなど、世界の最先端をゆく精製技術が採用されていた。

徳山製油所の竣工当初の精製能力は三万バレル／日であり、原油の価格変動によって、原油処理量を弾力的に変更できるよう設計されていた。また、硫黄分を多く含む中東原油を処理するため、各種脱硫装置を充実させた点にも特徴があった。

徳山製油所ではこれらの装置群をオートメーションで操作したが、この点も、当時としては画期的な試みだった。オートメーション操作は従来のハンドコントロールより複雑であるが、出光興産の若い技術者たちは、新しいシステムに素早く順応した。出光佐三社長は、先入観のない若い技術者たちの活躍を「白紙の力」と賞賛した。

出光佐三は、出光興産の若い社員が先頭に立って他社の建設関係者を動かし、わずか一〇カ月間で徳山製油所を竣工させたプロセスに、「日本人の底力」を見出した。佐三は、そのプロセスについて、以下のように振り返っている。

「出光というやつは何をいうてるかというようなことだったけれども、(中略)そのときに行った若い連中の意気込みに釣り込まれたんだね。そこがまあ日本人なんだ。それでしまいには日曜も祭日も取りやめて働くというようなことになって、しまいには正月にも休まず、十ヵ月で完成したということなんだ。

そこで僕がいつもいうんだが『出光が十ヵ月、十ヵ月というけれど、それは出光じゃない、日本人がやったんだ。日本人というものはなにか事業でもなんでもいい、目標がはっきり見えると自分を忘れて無休でやるようなことがある(中略)この場合は、本当の日本人に帰ってやったのであって、出光はそれをリードしたことはあるかもしれんけれども、やったのは一般の日本人である』ということをよくいうんだがね。『これが日本人のかたちですよ』と。それだから、これは非常にアメリカの各石油会社に日本人というものを大いに紹介した大きな事柄だと思うね。ただ、一徳山製油所ができあがったというような問題じゃなくて、『日本人というものはこういうものだ』ということを知らせるのには大いに役立っとると思うんだよ。それで徳山にはUOPから十二、三人技師がきとったがUOPの連中が『テキサス、南米どこでやったって、二ヵ年以上かかる。英国ならば恐らく三年以上かかるだろう。それを十ヵ月でやるこの日本人というものは一体どういうことだろう』というので、非常に関心をもっているときに、十ヵ月目に火入式をやったんだよ。そしてその火入式の神事を見て、日本人の謙虚なる態度、黙々としておのれを離れてる態度を見て、『ここから日本人の力は出る』ということをいい出したんだね」。

（出光興産株式会社編、一九七〇、六六九～六七〇頁）

市民に喜んでもらえる製油所

徳山製油所の運転について、出光興産社長の出光佐三は、「市民に喜んでもらえる製油所にしたい」との思いから、安全確保と環境保全を最優先課題とする方針を打ち出した。当時はまだ公害問題が顕在化していなかったが、出光佐三は、先見性ある判断で、安全・環境問題に臨んだのである。

徳山製油所では、装置とタンク群の間に、安全操業を考慮して、六〇～七〇メートルの空き地を設けた。また、フレアースタックは、騒音・臭気対策を重視して、民家から最も遠い海岸側に配置した。装置関係では、ガソリンの洗滌のため、廃油の出ないユニゾール装置を導入した。灯油の脱硫についても、廃油の出る従来の硫酸脱硫方式に代えて、水添脱硫方式を採用した。さらに、硫化水素を単体の硫黄で回収する、硫黄回収装置も導入した。そして、工場排水、騒音については、今で言う「トップランナー方式」の考えに立って、当時の最高レベルの防止対策を実施した。

徳山製油所は、北側境界に沿って山陽本線が走り、それを越えてすぐに民家が存在するという立地である。そのため、出光興産は、製油所の装置や施設の配置に特別の配慮を施した。精製装置は、民家から一二〇～一三〇メートル離して配置した。その間には緑地帯（グリーンベルト）と一〇メートルの道路を設け、安全帯として確保した。このグリーンベルトは、幅六〇メートル、長さ一三〇〇メートルに及び、植栽林と芝生に囲まれた徳山製油所は、「公園工場」と呼ばれるようになった。その後、多くの工場がグリーンベルトを採用する際のモデルを提供したのである。

徳山製油所では装置やタンクなどを機能的にカラーコーディネーションしたが、これも、当時の日本の工場では斬新な試みだった。列車で往来する旅行者の目を楽しませようと、製油所の夜間照明にも気を配った。

また、出光興産は、徳山製油所の建設に際して、自前の宿泊施設や購買組合を作らず、地元の旅館や商店を利用し、徳山地域の宿泊業者、商店街から歓迎を受けた。「地元とともに」という徳山製油所の根本精神は、その後、出光興産の各地における製油所建設の際にも受け継がれた。

第十一章　ソ連石油輸入と石油業法への抵抗——一九五八〜六二年

1　規制へのアンチテーゼ

ソ連石油の輸入

出光興産は、多くの同業他社と同様に製油所を建設したが、多くの同業他社とは異なり外資提携の道を選ばなかった。この点について、出光興産株式会社人事部教育課編（二〇〇八）は、次のように記述している。

「使用原油の大部分を外国から輸入しなければならないわが国の石油産業は、外国石油資本と密接な関係を持たざるをえないのであるが、大手石油会社のほとんどは資本提携の形でその力に屈し、経営の自主性を失ってしまった。これに反し出光は民族資本、民族経営の立場を堅持し、まったく自由な立場で広く各国から良質安価な原油を買いつけ、消費者本位の営業方針を貫いているのである。公正にして自由な石油市場の出現に大きな役割を果たした出光は、戦後日本の国際的進出のパイオニアとして、またわが国石油界における安定勢力として重要な存在となっている」。

（四三〜四四頁）

前章で見た日章丸二世によるイラン石油の輸入は、出光興産が推し進める民族経営のメリットが現出した、典型的な事例であった。そして、このメリットは、一九五九年（昭和三四）末以降、別の形で再現されることになった。出光興産によるソ連石油の輸入が、それである。

一九五八年一二月に日ソ貿易協定が締結されたことを受け、日本政府は、国内の石油会社に対して、ソ連石油の輸入を奨励した。しかし、国内石油各社は、外資提携を理由にして、ソ連石油の輸入に二の足を踏んだ。そこで、池田勇人通産大臣（のちに首相）は、メジャーに対してフリーハンドの立場にある出光興産に白羽の矢を立て、ソ連石油の引き取りを要請した。出光興産は、一九五六年の日ソ国交回復以前からブローカーを通じて持ち込まれていたソ連石油の取引提案をすべて断ってはいたが、日本政府から熱心に要請されたことをふまえて、ソ連石油輸入を真剣に検討するにいたった。

出光興産は、一九五九年一一月、ソ連石油を試験的に輸入した。そして、ソ連石油公団を相手に、原油の長期売買契約に関する交渉を開始した。

交渉では、油田のある黒海から日本への運賃をどう計算するかが、焦点となった。出光興産はアメリカ海事委員会のレートを主張し、一方、ソ連側はヨーロッパのＡＦＲＡ（ロンドンにあるタンカーレートブローカー委員会）レート主張して、交渉は難航した。結局、交渉は、両者の中間の方法をとることで決着した。

一九六〇年三月に出光興産とソ連石油公団が締結した原油売買契約では、有効期間が六年間と決められた。出光興産が輸入する原油の量は合計八二〇万トンであり、初年に当る一九六〇年には一〇〇万トン、六一年には一二〇万トン、六二〜六五年には毎年一五〇万トンを輸入するという内容であった。

ソ連原油は、中東原油と比べて硫黄分が少なく、しかもＦＯＢ（本船渡し）価格が割安であったため、出光興産に大きなメリットをもたらした。それに対し、日本の石油業界内には、外貨割当基準の改正を政府に提案するなど、出光を牽制する動きも見られた。出光興産によるソ連石油の輸入は、一九六二年の石油業法制定にも影響を及ぼしたのである。

また、キューバ危機の発生やベトナム戦争の本格化など、東西冷戦が深刻化したため、「赤い石油」と呼ばれたソ連石油を輸入する出光興産に対する風当たりが強まった。一九六四年一一月以降、アメリカ国防省は、在日米軍用ジェット燃料の出光興産からの購入を拒否するようになり、その措置は一九八五年まで続いた。

出光興産のソ連石油輸入は、一九七八年で終了した。通算の輸入量は、二三〇〇万トンに及んだ。

人間尊重五十年

徳山製油所の竣工から四年経った一九六一年（昭和三六）の一一月、出光興産は、創業五十周年記念式典を挙行した。この式典で、創業以来、店主・社長を一貫してつとめてきた出光佐三は、以下のようなあいさつを行った。

「創業十年の時に言ったことが、五十年後の今日でもそのままの言葉を用いてこれを実際に当てはめればいいということは、まったく人間尊重の行き方が永久にあやまりないということであり、これをつらぬくには妥協したり、妥協をもって安易な道を歩いたり、あるいは、外からの誘いの手に迷ったり、そういうことをしないということであります。（中略）

私は若いみなさんに人間尊重のバトンを渡します。だから諸君は人間尊重の目標に向かって、これを世界に出す、世界の平和、人類の幸福を打ち樹てるというような大きな目標に向かって、妥協を排し、誘惑に陥らないように、今後一意専心、進まれんことを希望しまして、私の今日の挨拶といたします」。

（出光佐三、一九六二、三四三～三四四頁）

また、出光佐三は、『出光五十年史』のなかで、五〇年間の到達点について、次のように述べている。

「出光が日本全体の大地域小売業の石油業者になりうるかどうか、その基礎をつくることが第一であって、それから第二番目にはその石油業を積極的にやるいろんな方法を講じて、それがうまく行ったということであるが、しかしながらなんといっても目標は『人間の真に働く姿を現わして国

家社会に示唆を与える』ということなんだよ」。（出光興産株式会社編、一九七〇、六七二頁）

これらの言葉からわかるように、出光の最初の五〇年を表現するキーワードは、「人間尊重」であった。そして、その「人間尊重」の目標は、「人間の真に働く姿を現わして国家社会に示唆を与える」ことにあった。この点は、創業五〇年の時点からもう一度五〇年を経た今日の時点においても、少しも変わりはない。

政府規制への抵抗

出光佐三が国民的人気を博した理由は、メジャーズ（大手国際石油会社）に対して果敢に挑戦したことだけには限られない。もう一つの理由は、佐三が、日本政府による規制に終始抵抗したアントゥルプルヌアー（企業家）だった点に求めることができる。

第二次世界大戦の終結後も出光佐三は、日本政府による石油産業への介入に対抗する姿勢をとり続けた。中東原油の大幅増産を背景にメジャーズが消費地生産方式の採用へ方針転換したことを受けて、日本政府は戦後、石油製品の輸入を厳しく制限するようになったが、これに対して出光佐三は、強く抗議した。この抗議は受け入れられず、結局、出光興産は一九五七年に徳山製油所を新設して輸入原油の精製へ進出することになったが、出光佐三は、今度は政府による石油精製業の統制に対して反発する姿勢を明確にした。一九六二年の石油業法の制定に最後まで反対したこと、通産省の行政指導の装置となっていた石油連盟（日本における石油精製・販売業の業界団体）から出光興産が一九六三年に一時的に脱退したことなどは、それを端的に示す出来事であった。

出光封じ込めをねらった石油業法

ここで注目すべき点は、一九六二年（昭和三七）七月に施行された石油業法が、現実には、日本の石油市場で当時急速にシェアを伸ばしつつあった出光興産を封じ込めるためのものだったことである。この新しい石油業法は、一九四五年一二月に廃止された一九三四年制定の石油業法に代る、「第二次石油業法」に当たるものであった。

第二次石油業法は、石油産業に対する政府の介入を継続、強化する内容をもっていた。⑴通産大臣が石油供給計画を作成する、⑵石油精製事業を許可制とする、⑶特定の精製設備の新・増設も許可制とする、⑷石油製品生産計画と石油輸入計画については届出制をとる、⑸必要な場合には通産大臣が石油製品販売価格の標準額を告示する、などの諸点を盛り込んだ石油業法は、「個別企業の事業活動に対するきわめて強力な行政介入の手段となった」のである（日本石油株式会社、一九八八、六三九頁）。

石油業界の主流は、石油業法の制定に際して、主導性を発揮することはなく、政府の方針に追随した。とくに石油業界内の一部の勢力は、競争関係にある他の勢力を封じ込めるために、政府の規制を利用しようとさえした。当時急速に販売シェアを伸ばしつつあった出光興産をおさえこもうとした外資系石油会社などが、それに当たる。外資系石油会社は、石油業法による新増設許可の運用に関して、相対的に不利な取扱いを受けることが見込まれたが、同法に積極的に反対しなかった。出光興産封じ込めのため石油業法を利用しようとした諸企業は、同法に盛り込まれた自己に不利な条項をも容認せざるをえなかったのである。

具体的に言えば、石油業法に賛成したのは、東燃、大協石油、亜細亜石油、日本鉱業、東亜石油、丸善石油、日本漁網船具、日網石油精製の八社、条件付きで賛成したのは、日本石油、日本石油精製、興亜石油、三菱石油、ゼネラル石油、ゼネラル物産、昭和石油、昭和四日市石油、エッソ石油の九社、反対したのは、出光興産、カルテックス、シェル石油の三社であった（済藤友明、一九九〇、二三九頁）。外資提携企業（東燃や日本石油など）が賛成ないし条件付き賛成の立場をとったこと、メジャーズ系の一部が条件付き賛成派にまわったこと（さらには、石油業法の制定に反対の立場をとったメジャーズも、「強い反対にはいたらなかった」と言われている〔済藤友明、一九九〇、二四〇頁〕）などの背景には、イラン石油やソ連原油の輸入、石油精製業への参入など独自の経営行動を通じて急成長をとげつつあった出光興産の動きを、石油業法によって封じ込めようという意図があったのである。この点について、石油業法制定の必要性を答申したエネルギー懇談会の委員をつとめた脇村義太郎《わきむらよしたろう》（ただし、脇村自身は、同懇談会において、石油業法の制定に反対する少数意見を主張した）は、のちに次のように回想している。

「石油業法を官僚だけでなく業者の間で作ってもらいたいという気持ちがいささかでもでてきたのは、出光に対する恐怖感からであり、ソ連石油に対する恐怖感からきていたのです」、「（出光に対する恐怖感は、）メジャーと組んでいる日本の会社にあった。また日石にとっては、元来出光は自分の特約店であった。その出光の急速な拡大は好ましいとは思っていない。メジャーと組んでいる他の会社も、ソ連原油の増大を恐れた。だから、第一次石油業法（一九三四年に施行された戦前の石油業法のこと）の場合とは違って、メジャーは第二次石油業法（一九六二年に施行された戦後の石油業法のこと」に対して、強く反対するということはできなかった。つまり、出光を抑えることができるだろうと思っていましたからね」。（日本経営史研究所編、一九九〇、六五頁）

一九六二年の石油業法は、日本の石油産業に強い政府規制を長期にわたって課すことになったが、同法が制定された背景には、このような「出光に対する恐怖感」があったと言える。出光佐三が社長をつとめた時代の出光興産は、その存在自体が規制へのアンチテーゼ（対立命題）だったとみなすことができる。

出光興産の反対

第二次石油業法に関しては、財界や言論界から、官僚統制を強めるものだという批判の声があがった。石油業界の内部でも、自由化後の石油政策や石油業法制定の是非をめぐって、激しい議論が巻き起こった。そのなかで出光興産は、第二次石油業法制定に対し、おりからの貿易・資本の自由化の流れに逆行するものだとして、強く反対する姿勢をとった。出光興産は、第二次石油業法の問題点について、以下のように指摘した。

(1)石油業法は、安定的かつ低廉な価格の維持という本来の目的とは相反する内容であり、消費者の立場を無視するものである。

(2)石油業法の考え方（民族系石油会社の育成）に基づき、新たに国策会社を設立することは、屋上屋を重ねるものであり、ひいては、石油製品価格を高騰させる。

(3)石油精製設備建設への許可制の導入は、事業の利権化を招く。

出光興産の出光佐三社長は、「石油業法は、生産と消費の数字合わせによる〝運営〟をやろうとしているものであり、販売力に見合って生産力をつけようとする〝経営〟ではない。販売力を度外視した〝運営〟は市場を混乱させ、行政依存の原因となる。長年にわたり築き上げてきた販売力さえあれば、たとえ外国の石油会社が進出してきても十分太刀打ちできる」として、「運営」を優先させ「経営」をおろそかにする石油業法は、市場に悪影響を及ぼすと指摘した。そして、エネルギー懇談会に参考人として呼ばれた出光社長は、「〝学識経験者〟から見れば立派な法律だろうが、私のように一生を石油業に捧げておる者からみれば、これは悪法である」と断言した（以上、出光興産株式会社総務部広報課編、一九九一、一五〇～一五一頁）。

石油業界のなかで最も石油業法に積極的な姿勢をとったのは、自由化後の国産原油や海外開発原油の引取りに不安を抱く、石油開発業界だった。一方、重油の外貨割当を受ける商社で構成されていた重油輸入懇話会は、一九六一年（昭和三六）一一月の要望書では製品輸入の完全自由化を主張したが、その後、石油業法に賛成するにいたった。また、石油製品販売業者の業界団体である全国石油業協同組合連合会（全石連）は、一九六一年一一月、「石油製品販売業の登録制、または届出制の採用」、「石油販売業の事業活動の調整（販売分野の調整）の明文化」などを求める要望書を、通産省に提出した。

出光興産が所属する元売業界においては、第二次石油業法に対する立場が、「賛成」「条件付賛成」

「反対」に三分された。中小規模の元売会社は、自由化に備え石油精製設備の増強を急いだので、生産能力と販売能力との間にアンバランスを生む結果となり、そのアンバランスが自由化後の経営に脅威になることをおそれて、既存シェアを事実上保障する石油業法に、ほとんどが賛成する立場をとった。大手の元売会社は、当初、石油業法に反対していたが、その後、条件付き賛成に回ったところが多く、最後まで反対を貫いたのは、既述のとおり、出光興産とカルテックス、シェル石油の三社だけだった。

石油精製・販売業者の業界団体である石油連盟は、一九六二年一月、石油業界の多数意見として、「石油立法について」と題する以下の七項目からなる申し入れを通産省に提出した。

(1)需給安定のための暫定立法とする。
(2)石油精製設備を規制する。
(3)石油輸入設備を規制する。
(4)石油の需給調整を図る。
(5)石油審議会を設置する。
(6)既存の石油精製設備については、新法の許可を受けたものとする。
(7)新法は五年以内に廃止する。

石油連盟、および経団連などの民間側は、第二次石油業法について、五年程度の時限立法とすることを強く求めたが、通産省側は恒久法とする姿勢を変えなかった。このとき、出光興産の出光計助副社長は、上村英輔日本石油社長、藤岡信吾三菱石油社長とともに、佐藤栄作通産相（のちの首相）の自宅まで行き、説得に当たった。出光計助副社長は、このときの模様を、自著『二つの人生』（講談社、一九八六年）のなかで次のように述べている。

「『こんなものを作ったら、専売になりますよ』と警告したが、佐藤さんは、『僕は専売にしたほうがよいと思っている』と言うのだからあきれてしまった。佐藤さんのところにも、賛成派の手が回っていたのである」。（二三一頁）

第二次石油業法がもたらした歪み

一九六二年（昭和三七）に施行された石油業法は、きわめて統制色の強い法律であった。同法によって、石油精製設備の新増設は、政府の許可制となった。設備許可制の下で、企業は自主性を喪失し、行政依存体質が助長され、行政との折衝が企業努力の最重要事項となってしまった。

出光興産が指摘したように、第二次石油業法の下で設備許可は利権化し、自らの販売力を無視して生産能力の増強を最優先する風潮が強まった。設備拡張の競争は石油精製会社、製油所の乱立を招き、

表11－1　第２次石油業法施行後に稼動した製油所とその運営主体となった石油精製企業

企業名	設立年月日	製油所名	稼動年月	設立時の主要な株主
九州石油	1960. 12. 20	大　分	1964. 4	八幡製鉄，昭和電工，日本石油
東邦石油	1961. 5. 1	尾　鷲	1964. 11	中部電力，三菱商事，出光興産
帝石トッピングプラント	1961. 9. 1	頸　城	1963. 7	帝国石油
西部石油	1962. 6. 25	山　口	1969. 11	宇部興産，中国電力，シェル石油
極東石油工業	1963. 6. 15	千　葉	1968. 10	モービル石油，三井石油販売
関西石油	1964. 4. 1	堺	1968. 10	関西電力，日立造船，丸善石油
富士石油	1964. 4. 17	袖ヶ浦	1968. 10	アラビア石油，東京電力，大協石油，日本鉱業
日本海石油	1967. 7. 19	富　山	1969. 10	日本石油，北陸電力，富山共同火力
鹿島石油	1967. 10. 30	鹿　島	1970. 4	三菱油化，共同石油，大協石油，東京電力
南西石油	1968. 5. 24	西　原	1972. 1	ゼネラル石油，住友商事，住友化学工業
東北石油	1968. 7. 8	仙　台	1971. 7	三菱石油，三菱商事，東北電力
沖縄石油精製	1970. 1. 8	沖　縄	1972. 5	東邦石油，ガルフ，三菱化成工業
アジア共石	1970. 5. 18	坂　出	1972. 10	アジア石油，共同石油
東亜共石	1973. 6. 8	知　多	1973. 10	東亜石油，共同石油

出所：出光興産株式会社総務部広報課編（1991），169頁。

新たに設立された精製企業は一四社を数え（表11－1）、精製企業数は石油業法施行以前の約二倍に増えた。当時、国際水準でみると、石油精製設備の経済規模（設備能力）は最低でも一〇万バレル／日、できれば二〇万バレル／日が必要とされていたが、現実には経済効率よりも利権確保が優先され、わが国では小規模な精製設備が乱立することになった。

また、第二次石油業法に基づく行政による標準石油価格の策定は、市場原理を無視して人為的に価格を形成するものであった。その結果、日本の石油市場ではガソリン独歩高に示される歪んだ価格体系が現出し、石油販売業界の過当競争体質を助長した。

石油業法は立法趣旨に民族系資本の育成を掲げていたが、結果的に日本では、官僚主導の下で、石油産業の体質が脆弱化した。同法は、大手精製業者の活動を抑え、中小精製業者の乱立をもたらしたのである。

石油連盟からの脱退

第二次石油業法が施行されたのちも、出光佐三の政府規制に対する抵抗は続いた。一九六三年一一月に出光興産が、通産省の石油産業への介入に一役買っていた石油連盟を脱退したのは、その端的な表れである。石油連盟脱退の経緯について、出光興産株式会社人事部教育課編（二〇〇八）は、次のように説明している。

「昭和三十七年（一九六二年）七月、石油業法が施行された。政府は、石油業法によって生産割当はやらないと議会において言明している（官報、昭和三十七年三月二十三日、衆議院商工委員会における川出鉱山局長の発言)。したがって石油業者としては、自由に輸入した原油をただちに製品化し、消費者に対して供給の安定を図るべきである。しかるに石油連盟は、原油を製品化することを制限し、供給を不安定化し、そして消費者に不利益をもたらしている。この行き方に肯んじ得ない出光は、昭和三十八年(一九六三年)十一月石油連盟を脱退した」。(四六頁)

もう少し詳しく、経緯を見ておこう。

第二次石油業法に基づいて通産省が実施した生産調整は、出光興産の経営に深刻な打撃をもたらした。生産調整により出光興産は、必要な規模の石油製品の生産を行うことができず、それを補うために市場から製品を購入する必要に迫られた。出光興産の販売量に対する市場からの購入比率は、石油業法施行以前の一七%から、施行後の一九六二年度(昭和三七)下期には二七%へ、急激に上昇した。

出光興産の場合、一九六三年一月に千葉製油所が稼動を開始したこともあって、製油所全体の稼働率が、六三年上期には、前年同期の六〇%と比べて一四%も少ない四六%にまで低下した。これは、石油業法の枠組みの下で、出光興産など大手精製会社の譲歩によって中小精製会社に保証された五六%という製油所の最低稼働率を、じつに一〇%も下回る水準であった。

一九六三年度上期にも通産省は生産調整を継続し、出光が提出した独自の生産計画は無視された。これに対して出光興産は、生産調整が消費者に不利益をもたらし、また企業の存続を危うくするきわめて重大な欠陥をもっていると、通産省に強く抗議した。そして、生産調整を拒否する姿勢を貫くため、一九六三年一一月に石油連盟を脱退した。石油連盟脱退という方法をとったのは、生産調整が、通産省の行政指導の下、石油連盟の自主調整として実施されていたからであった。したがって、出光興産の本意は通産省に抗議することにあり、石油連盟には「脱退はするが、呼んでくれればいつでも戻ってくる」と伝え、脱退届りを受理してもらったものの、連盟の会費についてはその後も支払いを継続した。

出光興産の出光佐三社長は、石油連盟脱退のあとの記者会見で、今回の行動は石油政策を正道に戻すためのもので、石油会社の本分として消費者の購買の自由を尊重する、石油会社は売れるだけ製造するという方針に従って生産計画を立てる、石油の供給と価格の安定は政府ではなく業者自身の手で行うべきだ、などと訴えた。

日本石油に次ぐ業界二位の石油精製企業である出光興産の突然の石油連盟脱退に、通産省側もあわてて、すぐに福田一通産相が、出光佐三社長に面会を求めてきた。そして、翌一九六四年一月、石油審議会は、新たな生産調整案を示し、そのなかで出光興産が求めていた精製設備の新増設を、段階的に認めることを明らかにした。この提案をふまえて、福田通産相、植村甲午郎石油審議会会長、出光社長の三者会談が開かれ、一応の妥協が成立した。

植村会長の斡旋案は、「生産調整は出来るだけ早くなくすように努力する。消費者の立場を考え、石油供給計画をゆとりあるものにする。一九六四年一月から植村案による生産割当をする」という趣旨であったが、これも口約束に過ぎず、すぐには実行されなかった。一九六四年度から生産調整は石油審議会に一任され、業界の自主調整という形さえ廃棄されることになり、官僚統制は一段と強化された。

その後、通産省は、物価問題との関連から産業界全体の生産調整に対する批判が高まってきたことを受けて、一九六六年末をもって生産調整を廃止すると決定した。石油統制のいまひとつの柱であった標準価格の設定も、同年の二月に廃止されていた。これらの変化を受けて出光興産は、一九六六年一一月、石油連盟に復帰した。しかし、その後も、石油精製設備新増設に関する許可制は残存し、石油連盟の協力のもとに、「肩たたきベースの調整」と呼ばれた通産省の行政指導は継続した。

2　大型タンカー建造と千葉製油所建設

大型タンカーの用船

第二次石油業法は、石油産業を官僚統制の下においた点だけでなく、石油の上流事業（開発、生産、輸送）と下流事業（精製、販売）との分断を定着させた点でも、将来に禍根を遺した。国際的には、石油産業は、上流事業と下流事業を一体化して経営されることが多い。このような垂直統合型の経営は、事業を安定させるメリットをもつ。原油価格が上昇したときには上流事業で収益を上げ、原油価格が下落したときには製品価格低下による需要増加を通じて下流事業で収益を下支えすることができるからである。日本の石油産業も、明治時代にスタートした時点では垂直統合型経営を基本としていたが、敗戦後の外資提携と消費地精製方式押付けとによって、上流事業と下流事業とが分断するという歪んだ形態になってしまった。エネルギー懇談会で脇村義太郎が第二次石油業法制定に反対したのも、精製や販売という下流事業に焦点をしぼって規制を強化する同法は、油田開発やタンカー輸送などの上流事業を軽視しており、ひいては上流と下流の分断を固定化すると考えたからであった。

第二次石油業法に反対し、石油政策を正道に戻すことに努めたこの時期の出光興産は、上流事業と下流事業の統合をめざして、タンカー輸送や油田開発にも力を注いだ。本章では、このうち、タンカー輸送について振り返る。

世界におけるタンカー大型化の足跡をまとめた表11-2からもわかるように、一九五六年（昭和三一）の第二次中東戦争（「スエズ動乱」）を契機にして、六万六〇〇〇重量トン（DWT）以上のマンモスタンカーが、次々と建造されるようになった。出光興産は、これらのマンモスタンカーを積極的に用船した。

出光興産は、徳山製油所の建設と並行して、アメリカ系のNBC社に一〇万DWTを超えるマンモスタンカーの建造を依頼し、それを長期用船する計画を進めていた。NBC社は、呉の旧海軍工廠を日本政府から借り受け、日本の技術と設備、労働力を使って大型船を建造する会社であった。スエズ戦争の直後にアメリカ政府は一〇万DWT以上の大型タンカーの建造を補助する方針を打ち出しており、それを受けて、出光興産とNBC社は、マンモスタンカーの建造・用船計画を進めたのである。

出光興産は、NBC社に建造を依頼した二隻のマンモスタンカーが竣工するまでのつなぎとして、

表11－2　世界におけるタンカー大型化の足跡

建造年	船　名	造船所	トン数	備　考
1886	Gluckauf	アームストロング(イギリス)	2,307GT	船級協会 Petroleum Streamer 登録第1号
1909	紀洋丸	三菱・長崎	9,287GT	日本初の国産航洋タンカー
1927	さんぺとろ丸	三菱・長崎	10,638DWT	1万 DWT 超で，日本初のディーゼル搭載
1938	日章丸（一世）	三菱・横浜	14,055DWT	優秀船建造助成，1939年ブルーリボン賞
1943	南邦丸	播磨造船所	16,265DWT	1万5000DWT 超第1船
1952	聖邦丸	川崎重工業	20,034DWT	2万 DWT 超第1船
1952	PETRO KURE	NBC 呉	38,000DWT	3万 DWT 超第1船
1954	PHEONIX	NBC 呉	45,230DWT	4万 DWT 超第1船
1955	SINCLAIR PETRO-LORE	NBC 呉	55,000DWT	5万 DWT 超第1船
1956	UNIVERSE LEADER	NBC 呉	85,515DWT	8万 DWT 超第1船
1959	UNIVERSE APOLLO	NBC 呉	106,410DWT	10万 DWT 超第1船
1962	日章丸三世	佐世保重工業	132,334DWT	13万 DWT 超第1船
1966	東京丸	IHI 呉	153,680DWT	15万 DWT 超第1船
1966	出光丸	IHI 横浜	209,302DWT	20万 DWT 超第1船
1968	UNIVERSE-IRELAND	IHI・三菱重工業	312,000DWT	30万 DWT 超第1船
1971	日石丸	IHI 呉	367,000DWT	35万 DWT 超第1船
1973	GLOBTIC-TOKYO	IHI	477,000DWT	40万 DWT 超第1船
1976	BATILLUS	Chantiers de l'Atlantique	550,000DWT	50万 DWT 超第1船

出所：出光興産株式会社店主室編（1994），500～501頁。

注：GT は総トン数，DWT は重量トン数。

当時、NBC社が呉で建造中であった「ユニバース・アドミラル（Universe Admiral）号」（八万五〇〇〇DWT）を徳山製油所の竣工に合わせて用船することとした。マンモスタンカーであるユニバース・アドミラル号は、一九五七年暮に竣工し、翌一九五八年一月には出光興産徳山製油所のシーバースに初入港した。

その後、NBC社の呉の造船所で、一九五九年一月には「ユニバース・アポロ（Universe Apollo）号」、一九六〇年一二月には「ユニバース・ダフニー（Universe Daphne）号」が相次いで竣工した。これら二隻の一〇万DWT超級のマンモスタンカーは、竣工後すぐに出光興産の用船隊に加わった。

また、出光興産は、一九五八年にリベリア法人のオリンパス社を設立し、出光興産の孫会社となる同社を通じて、大型タンカーの建造を進めた。オリンパス社による新船建造は、戦前、日章丸（一世）を建造した三菱日本重工業の横浜造船所で一九六〇年一二月に起工し、翌一九六一年九月に竣工した。「オリンパス号」と名づけられた新造船は、リベリア籍ながら、日本での最大重量トン船が五万DWTに満たない時代に、七万DWT超のタンカーとして完成した。オリンパス号の二万二〇〇〇馬力の主機は、船舶用ディーゼルとして当時世界最大の能力を誇り、オリンパス号の建造は、日本の造船技術の復興に大きく貢献した。

オリンパス号は、日本ではあまり例のなかった便宜置籍船のはしりであり、日本輸出入銀行の融資の取り扱いをめぐり、大蔵・通産・運輸三省の意見が分かれた。結局、オリンパス号の起工後に政府方針が決まり、オリンパス号については、表面上外国籍なので邦船使用率が低いこの時期に出光興産が用船するのは好ましくない、実質的には日本船であるから輸銀融資の対象にはならない、という二律背反する理由で、輸銀融資を受けられないことになった。

このような環境下で、出光興産は、一度本船を第三者である日本船主が裸用船し、これを出光興産が準日本船として定期用船する方針に転じた。船主としては、出光興産と関係が深かった飯野海運に依頼することとし、本船に乗務を予定していた出光興産の船員を飯野海運に融通派遣するという方法を採用した。この変則的な措置は、その後、国内の諸事情の変化で便宜置籍船が認められるようになり、飯野海運との裸用船契約が終了した一九七一年一〇月まで続いた。

日章丸（三世）の建造と出光タンカーの設立

第二次世界大戦後、世界最大級の船は、アメリカ資本のNBC社呉造船所で大半が建造されていた（表11－2）。NBC社呉造船所の従業員はほとんどが日本人で、彼らは、いつか自分たちの手で日本の船を作りたいという願望を抱いていた。播磨造船所から同社に出向していた呉造船所・真藤恒副所長兼技術部長もその一人であり、出光興産の関係者は、ユニバース・アドミラル号など三隻のタンカーの建造・用船を通じて、真藤と相互理解を深めていった。

出光興産の出光佐三社長は、もともと、「タンカーは動くパイプラインであるから、製油所設備の一部分であり、したがって石油会社が自ら保有すべきある」という考えをもっていた（出光興産株式会社店主室編、一九九四、四六九頁）。出光興産は、石川島重工業と播磨造船所との合併で誕生した石川島播磨重工業（ＩＨＩ）へ復帰が決まった真藤とともに、大型タンカーを自社船として建造する青写真を具体化していった。

当時、世界で一〇万重量トン（DWT）を超す大型船を建造できるドックは、日本国内の三カ所であった。一カ所目は戦艦「大和」を建造した呉造船所第四ドッグ、もう一カ所は戦艦「武蔵」を艤装した佐世保重工業の第四ドッグ、最後の一カ所は横須賀の旧海軍工廠であった。これらのうち呉はNBC社が借用中で、横須賀はアメリカ軍が使用していた。そこで、出光興産は、希望する竣工時期に間に合わせるため、大型自社タンカーの第一船を佐世保で、第二船をIHIの相生造船所でドッグを拡張して建造する方針をとった。そして、出光興産と佐世保重工業・IHI両社が協力して設計に当たることになった。

一九六〇年（昭和三五）一二月、出光興産は、本社に佐世保重工業・IHI両社の首脳を招き、一三万DWT超級タンカーの連続建造に関する覚書を交わした。第一船である日章丸三世は、一九六一年一一月に起工された。それから八カ月後の一九六二年七月一〇日、佐世保市民二万人が見守るなか、世界初の一三万DWT超タンカーとなった日章丸三世（一三万二三三四DWT）の進水式が挙行された。

日章丸三世進水式後のレセプションで出光興産の出光佐三社長は、日章丸三世建造の目的について、次のように語った。

「日本は、戦前と違いまして非常に石油に恵まれた国となりました。それはアメリカ、あるいはイギリス等、先進国の石油業者が中近東の油田を開発されたために、中近東に最も近い日本が石油

に恵まれることになったわけであります。（中略）

われわれ石油業者として心得るべきことは、この石油価格が上がったり下がったりしないよう一定の価格で安心して消費者に石油を使っていただくということを考えなければならない。ところが中近東と日本とは距離が離れているために船の運賃が上がったり下がったりすれば、石油の値段が上下する。石油を使われている方は非常に苦労されることになる。そこで私は石油業者自身が船を持って、石油の値段が運賃の高低に関係ないようにしたいというので、自分の船を造っておるわけであります。（中略）

昔日本の艦隊を造られた方々から佐世保で大きな船を造ってみたいというようなご希望があり、佐世保重工業、石川島播磨重工業の両社が自分の会社の利害を離れて技術を研究され、それから大学の先生なんかもこれに協力されるということで、日本の造船技術を結集して作り上げようというのが日章丸建造の精神であったんです。そのことを聞きまして、私は出光も利害を離れよう、そしてあなた方に一切お委せしようということで出来上がったのがこの日章丸でございます」。

（出光興産株式会社店主室編、一九九四、四七一〜四七二頁）

進水式を終えた日章丸三世は、艤装工事、海上試運転を経て、一九六二年一〇月七日、東京湾羽田沖の竣工引渡し式で、新設されていた出光タンカー㈱に引き渡された。水深の関係から羽田沖に錨泊した日章丸三世の竣工レセプションは、一〇月九日から四日間にわたって行われ、三笠宮殿下ご夫妻をはじめとする各界の名士、北海道・東北・関東地区の高校生・中学生代表、出光従業員など総計一万人を超す人々が日章丸三世を見学した。日本の造船技術の粋を結集した世界最大のタンカー・日章丸三世の誕生は、海外でも大きな反響を呼び、まさに日本の高度経済成長と平和のシンボルとなった。

出光興産では、日章丸三世の建造を機に、運輸行政への対応も考慮して、船舶部を分離独立する方針をとった。そして、一九六二年五月に、まず内航海運会社として宗像海運を設立した。次いで同年八月には、出光タンカー株式会社を設立した。出光興産の船舶部に所属していた陸上従業員は、外・内航に分かれて両社へ転籍した。また、海上従業員については、海員組合を交えてその処遇について協議を重ねた結果、本人の希望を取り入れたうえで、外航、内航のそれぞれの新会社に配属させる措置を講じた。

千葉製油所の建設

出光興産は、一九五七年（昭和三二）に徳山製油所が稼動したのちにも順調に売上を伸ばし、石油製品の販売量が生産量を常に上回る状態が続いた。とくに首都圏の大消費地で安定供給を図ることが求められ、その近隣に製油所を作る必要に迫られた。

当初は、神奈川県川崎市の浮島地区に第二製油所を建設することを検討したが、地盤の関係で取りやめとなり、代わって工場誘致に熱心だった千葉県が候補地として浮上した。出光興産は、一九五九年から六〇年にかけて五井・木更津間の海岸線の調査を行い、六〇年一二月、通産省に姉崎海岸での一〇〇万坪の千葉製油所建設計画書を提出した。この計画書には、将来の石油化学工場の建設計画も書き込まれていた。

千葉製油所（1963年1月）（出光興産提供）

出光興産は、三五万坪の第一期埋立て工事が完了するのを待って、一九六一年二月に千葉製油所の起工式を挙行した。まず、海上から船で資材類を搬入して基礎工事を行ったが、この段階で、地盤の関係から、石油化学設備の予定地とタンク群の配置を変更した。この埋立てに関しては、出光興産などの進出企業が埋め立て協力金を支払ったが、それは、学校の増設や水道・産業道路（国道一六号線）の敷設などの資金に充てられた。

出光興産千葉製油所の建設は、一九六二年五月に着工し、八カ月後の六三年一月に竣工した。わずか八カ月間での完成は、徳山製油所建設工事の一〇カ月間を二カ月も短縮したスピード記録であった。

千葉製油所の竣工時における主要装置の設備能力は、常圧蒸留装置五万バレル／日（一九六三年一〇月に設備能力を一〇万バレル／日に拡大）、接触改質装置九〇〇〇バレル／日、水素化脱硫装置一万バレル／日などであり、東洋一の生産規模を誇った。ただし、千葉製油所は、完成の前年に施行された石油業法に基づく生産調整の束縛を受け、五万バレル／日の原油処理しか認められない状況が、しばらくの間続いた。

出光興産は、千葉製油所でも、徳山製油所の場合と同様に、精製設備の周囲にグリーンベルトを設けた。その後、千葉県は、市原市周辺の工場地帯と住宅地域との間に緩衝緑地帯を設置する措置を、全国に先駆けて一九六五年に導入した。出光興産のグリーンベルト設置の発想が、地方公共団体の施策に継承されたわけである。

借入先の銀行の拡大

事業規模が拡大したため必要となった膨大な資金を、出光興産は、主として借入金によって調達した。戦後初期には東京銀行や東海銀行からの借入れが大きなウェートを占めたが、この時期にはバンク・オブ・アメリカの融資も、重要な役割を果たすようになった。

借入先の銀行の拡大について、出光興産株式会社編（一九七〇）は次のように述べている。

「戦後、出光の再建のあとをたどって注目すべき点は、この間、出光がその本来の面目を遺憾なく現わしていることであるが、またその背後にあって、終始、出光を支援、激励した人々が存在したことも見のがし得ない事柄であろう。（中略）

戦後無一物同様の状態から出発した出光に対して、資金的にまず東京銀行が惜しみなき援助の手をさしのべ、次いで東海銀行がよき理解者となって力強い支援を与えている。これは出光の過去の実績とその信念に対し深い理解と大なる信頼を寄せていたからであろう。（中略）

あらゆる困難を克服し、資金的窮迫に耐えて、苦闘をつづける出光人の不屈の精神とその努力は、各方面の注目するところとなり、その行き方、その実体は急速に認識、高評価されて、国内銀行の信用はいよいよ厚くなった。また出光の人間本位の合理的経営は国外でも大いに共鳴され、アメリカ銀行は石油輸入資金や製油所建設資金の貸付けを行い、その後の出光に対する資金的最大の支援者となった」。（六七七〜六七八頁）

同書のなかで、出光佐三社長は、バンク・オブ・アメリカ（アメリカ銀行）の融資担当者が「あんたのところの資本金には貸せんよ、出光の合理的経営法に貸すんだ」と言ったことを明らかにしている（六八四頁）。

第十二章　出光興産の成長と晩年——一九六四〜八一年

1　成長戦略の展開

出光興産の急成長

ここまで見てきたように出光佐三と彼が社長をつとめる出光興産は、第二次世界大戦後の日本において、外資と提携しない「民族系石油会社の雄」として、一九五三年（昭和二八）の「日章丸事件」に象徴されるような、積極果敢な経営戦略を展開した。「日章丸事件」後も出光興産は、東京銀行や東海銀行、バンク・オブ・アメリカなどの資金的援助を受け、一九五七年の徳山製油所の竣工、一九六二年の世界最大のタンカー日章丸三世の進水、一九六三年の東洋一の千葉製油所の竣工など、設備投資を活発に遂行した。

表12‐1は、戦後の日本における石油精製能力と石油製品販売量のグループ別シェアの推移を示したものである。この表からわかるように、積極的な経営戦略と活発な設備投資を反映して、わが国の

表12－1　第2次世界大戦後の日本におけるグループ別精製能力シェアおよび石油製品販売量シェア（1950〜80年度）

（単位：%）

グループ別	内訳	1950年	55年	60年度	65年度	70年度	75年度	80年度
エッソ・モービルグループ	精製能力	21.4	17.3	21.3	18.1	15.6	15.8	15.7
	販売量	23.4	22.9	18.3	18.3	17.2	17.2	16.6
シェルグループ	精製能力	12.5	8.7	12.7	13.7	11.2	11.6	13.3
	販売量	19.5	16.2	15.6	12.5	12.1	12.0	11.6
日本石油グループ	精製能力	39.7	29.2	16.3	19.3	15.9	14.1	15.1
	販売量	30.6	22.9	19.9	18.9	17.4	17.1	18.6
三菱石油グループ	精製能力	6.4	10.2	7.4	6.0	6.5	8.0	8.0
	販売量	6.5	10.3	9.4	8.4	8.4	7.8	7.6
出光興産グループ	精製能力	—	—	13.7	11.7	11.5	15.1	15.2
	販売量	8.6	10.7	14.3	16.7	14.3	14.0	14.5
丸善石油グループ	精製能力	12.7	16.5	9.9	6.7	9.4	6.6	6.6
	販売量	6.5	9.4	10.7	8.2	8.5	8.7	7.6
大協石油	精製能力	3.2	8.7	7.6	5.6	3.8	3.6	3.6
	販売量	1.5	5.1	4.6	4.6	4.6	5.1	5.7
共同石油グループ	精製能力	—	—	—	10.4	18.5	18.8	17.1
	販売量	—	—	—	10.5	12.4	13.8	13.5
その他	精製能力	4.1	9.4	11.1	8.6	7.6	6.4	5.4
	販売量	3.4	2.5	7.2	1.9	5.1	4.4	4.1

出所：橘川武郎（1998a），123頁。

注1．精製能力は各年度末の許可能力のシェア。

2．エッソ・モービルグループの1960年以前はスタンヴァックグループ。一貫してゼネラル石油グループを含む。

3．シェルグループの1960年度以降には東亜石油を含む。

石油市場における出光興産グループの販売量シェアは一九五〇年の八・六％から六五年度の一六・七％へ、精製能力シェアは五五年の〇％から六五年度の一一・七％へ、それぞれ急速に上昇した。

表12－2は、一九四九年度から一九六六年度にかけての出光興産の発展過程を、出光興産総務部文書課（一九七九）によって概観したものである。一九六六年は、一〇月に出光佐三が出光興産社長を退任し、同社会長に就任した年に当たる。その年までに出光興産の従業員数、資本金、販売数量、売上高、店舗数、販売店数は、著しい増加をとげた。純利益金の変動が激しいという問題は残っていたが、出光興産は、明らかに日本を代表する大規模石油会社の一つへと成長したのである。

兵庫製油所・北海道製油所の建設

出光興産は、一九七〇年（昭和四五）一〇月、徳山製油所、千葉製油所に続く三番目の製油所として、姫路製油所を完成させた。姫路製油所は、翌一九七一年二月に、兵庫製油所と改称した。

兵庫（姫路）製油所の建設までには、紆余曲折があった。出光興産がそもそも姫路進出を計画したのは、一九六〇年に阪本兵庫県知事および地元から、熱心な立地勧誘があったからである。その後、一九六五年の山陽特殊鋼の破綻により、姫路の町は火が消えたようになった。地元経済の活性化に協力しようと考えた出光興産は、一九六六年五月に姫路製油所の建設に着手した。しかし、一部漁民の強い反対運動にあい、姫路製油所の建設を中止して、千葉製油所の増強に方針転換せざるをえなかった。この時、出光佐三社長は、「今回の姫路問題が、いわば雨降って地固まるというふうに、全国民に現在の日本人のあり方に反省の機会を与え、出光の真の目的である、『愛情、信頼、鍛練による和

表12－2　出光興産の成長過程（1949～66年度）

（単位：1,000円，1,000kl）

年度（末）	従業員数	資本金	販売数量	売上高	純利益金	店舗数	販売店数
1949	898	16,000	167	6,986,245	6,294	62	92
50	1,158	50,000	221	9,326,181	82,870	62	122
51	1,346	100,000	301	14,272,602	76,752	59	176
52	1,416	200,000	542	21,623,379	172,631	65	173
53	1,710	200,000	1,019	17,165,476	781,056	69	221
54	1,889	400,000	980	19,183,387	866,089	67	219
55	2,004	400,000	1,210	19,374,804	672,757	67	438
56	2,485	400,000	1,631	26,284,814	775,640	66	482
57	2,781	400,000	2,123	35,683,345	448,494	68	533
58	3,075	400,000	2,862	42,293,256	311,240	68	562
59	3,416	400,000	4,049	58,496,653	2,159,634	70	624
60	4,487	400,000	6,282	83,022,534	5,552,719	78	714
61	5,887	400,000	7,887	99,339,160	3,557,945	88	769
62	7,057	1,000,000	9,172	115,438,407	872,484	91	1,013
63	7,188	1,000,000	12,276	147,866,891	416,575	86	1,061
64	7,252	1,000,000	15,853	178,130,620	409,797	87	1,139
65	7,408	1,000,000	18,603	208,074,850	1,932,196	89	1,250
66	7,622	1,000,000	21,512	235,096,976	1,823,910	92	1,476

出所：出光興産株式会社総務部文書課（1979）。

注：1．従業員数は人事部資料による。

2．販売数量は決算書付属資料記載の販売数量である。ただし，1949～54年までの数量は，出光興産（総務部）編「出光統計録」記載の数量である。

3．売上高は商品売上高とし，その他営業収益を含まない。

4．店舗数は，総務部（文書課）資料による。

5．販売店数は，販売部（経営相談班）の資料による。

の日本人にかえれ』という教訓を与えることを望んで、涙をのんで千葉に移る」（出光佐三、一九七一、第三巻二一八頁）、と発言した。

工事中止後も、地元からは、再度、出光興産に対して、姫路進出を求める要請があった。これを受けて出光興産は、改めて一九六九年に姫路製油所の建設に取り組み、翌年、同製油所を竣工させた。姫路製油所の竣工当時の原油処理能力は一一万バレル／日であったが、その後、一四万バレル／日に

兵庫製油所（1970年7月）（出光興産提供）

北海道製油所（1973年9月）（出光興産提供）

増強された。

さらに出光興産は、一九七三年九月、北海道および東北地方の一部の供給拠点として、苫小牧市に北海道製油所を完成させた。北海道製油所の竣工当時の原油処理能力は、七万バレル／日であった。出光興産北海道製油所の大きな特徴は、三キロ沖合に世界最初の外洋シーバースを設置したことである。このシーバースには、二八万トン級の超大型タンカーが直接着桟することができる。

出光興産は、北海道製油所の建設にあたって、環境保全のためにとくに力を注いだ。その重要課題の一つは緑化による自然との融和であったが、亜寒帯の気候と潮風、やせた火山灰地という悪条件のため、工場の本格的な緑化には二〇年の歳月を要した。

出光石油化学の設立

出光興産は、徳山製油所を建設する際にも、千葉製油所を建設する際にも、将来的には石油化学工業へ進出することを視野に入れていた。申請していた年産七万三〇〇〇トンのエチレン製造装置および芳香族製造装置の建設が一九六二年（昭和三七）三月に認可を受けると、出光興産の石化進出計画は、具体的な進展をみせることになった。

出光興産は、徳山製油所の隣接地である四号埋立地に徳山工場を建設し、同工場で石油化学工業を本格的に展開する方針をとった。そして、徳山工場の完成を目前にした一九六四年九月一〇日に、一〇〇％子会社として、出光石油化学株式会社を設立した。出光石油化学の初代社長には、出光計助が就任した。

出光興産は、「出光石油化学株式会社設立趣意書」のなかで、以下のように宣言している。

「弊社はかねてより山口県徳山地区に国際競争力を持った石油化学コンビナートの建設を計画してまいりましたが、今秋待望の十万トン規模のエチレン製造装置稼動を前にしまして、石油化学部門を独立させ、別会社『出光石油化学株式会社』を設立することにいたしました。

ご承知のとおり、弊社は明治四十四年〔一九一一年〕創業以来、人間尊重の精神を社是として事業経営を推し進めて参りました。（中略）

この人間尊重の精神は、単に事業経営にのみとどまらず、広く政治、教育その他あらゆる面にも適用されるべきものと信じております。また、海外においても弊社の行き方が研究されております。

しかしながら、かかる私どもの五十数年の実行と、それにもとづく数々の成果も、社会的に見れば出光興産という一試験管内での出来事といわざるをえません。ただ、私どもが念願とすることは、この試験管の中でつくられたものが、成長発展してやがて社会に出て広く一般に応用されることであります。

従って、このたびの出光石油化学株式会社の設立はこれを機会に、私どもの人間尊重の事業経営が試験管より出て一般社会の実用に供すべき最初の試金石ではないかと考えております。

これを具体的に申しますと、とりあえず別会社の資本金十億円は出光興産の全額出資で出発しますが、新会社の成長に応じ適当な時期を見て、コンビナート各社同士の株式の持合により相互の協力体制をつくり、やがて新会社の基礎が固まれば一般にも株式の公開を行なって、名実ともに一般国民とともに歩く人間尊重の事業経営にしたいと考えております」。

（出光興産株式会社店主室編、一九九四、四四五〜四四六頁）

つまり、出光石油化学は、「人間尊重の事業経営が試験管より出て一般社会の実用に供すべき最初の試金石」として設立されたのであり、同社の株式は、コンビナート各社の持合いを経て、やがては一般公開されることが想定されていた。

出光石油化学の設立から八日後の一九六四年九月一八日、徳山工場で第一エチレン製造装置の火入れ式が行われた。この時点での第一エチレン製造装置の設備能力は年産七万三〇〇〇トンであったが、二年後の一九六六年には設備が増強されて、同装置の能力は年産一〇万トンに拡大した。

新潟沖での油田開発

一九六〇年代から七〇年代初頭にかけての時期に、出光興産は、タンカー輸送だけでなく、油田開発にも力を注いだ。その結果、出光興産は、石油の販売、精製、輸送部門に続いて、生産（採掘）部門においても、事業を展開することになった。

出光興産が油田開発に関わるようになったきっかけ、およびその後の具体的な成果について、出光興産株式会社店主室編（一九九四）は、以下のように説明している。

「出光が石油開発へ乗り出したのは、昭和三十一年（一九五六年）、イラン国王からの油田開発参加の呼びかけが契機であった。そしてこの要請に、出光では日・イ親善の見地から積極的に応じていった。しかし、イラン側は昭和二十八年以来の出光の貢献には敬意を表したものの、出光の希望した話し合いを避け、公開入札に踏み切った。この入札では出光を含めて二十二社の競争入札となったが、破格の条件を出したパン・アメリカン・ペトロリウム社が落札した。

店主〔出光佐三のこと〕は、イラン石油開発はあくまで日本とイランとの親善関係を築く礎となるべきものであり、競争入札ではこの大目的が達成できないとして、これ以降の入札参加を取り止めた。しかし、この一件は、出光が石油開発事業を展開する上で大きな経験となった。

昭和四十年、パン・アメリカン・ペトロリウム社と同系列のアモコ・インターナショナル社が、出光とも因縁の鉱区から出たダリウス原油の売り込みに来たが、この時、石油開発をアモコと共同で行う話が持ち上がった。そして、昭和四十一年に日本海鉱区を出願、昭和四十四年には開発部設置、昭和四十六年には秋田沖、新潟沖の試掘、昭和四十七年に阿賀沖で油田発見、昭和五十一年商業生産開始と発展していった」。（四五六頁）

この文章にあるように、出光興産は、一九六六年（昭和四一）三月、日本海沖合の石油・天然ガス資源の調査、開発を進めるため、日本海大陸棚二万三〇〇〇平方キロメートルについての試掘権を出願し、それを確保した。そして、一九七二年三月には、出光日本海石油開発㈱と石油資源開発㈱が共同で七一年一一月から採掘を行っていた新潟沖第一号井で、原油・天然ガスが自噴するにいたった。これは、日本の大陸棚で初めて原油・天然ガスの存在を確認した出来事であり、国内外に大きな反響を呼ぶとともに、出光興産がアモコ社等と進めていた阿賀沖油・ガス田の開発にもはずみをつけた。

なお出光興産は、一九七三年五月、世界で初めて中国の大慶原油を輸入し、一万三四〇〇トンを新設の兵庫製油所で受け入れた。これは、前年の日中国交回復を受けたものであった。

一九六〇年代に入ると、世界の造船技術は、溶接技術の革新などを中心にして著しい進歩を遂げた。この技術革新の成果を取り入れるため、出光興産では、予定していた日章丸三世と同型の三隻のタンカー建造を見送ることになり、一九六三年（昭和三八）に既存の建造契約を解除した。建造中止に快く応じてくれた石川島播磨重工業（ＩＨＩ）とは、その後も話合いを続け、そのなかで二〇万重量トン（ＤＷＴ）級の大型タンカーの建造計画が浮上した。

出光丸の建造

世界に前例のない二〇万ＤＷＴ級タンカー（＝ＶＬＣＣ, Very Large Crude Oil Carrier）の建造計画の推進過程では、出光興産側が主として運航上・経済上の問題を、ＩＨＩ側が基本設計および建造上の問題を受け持った。予定される航路や港湾の状況の精査、経済性・安全性の検討などに約二年の歳月を費やし、それをふまえて基本設計が固まった。

新たに建造されるＶＬＣＣは、「出光丸」と命名された。出光丸は、当初、長さ三二六メートル、幅四九・八メートル、吃水一七・三三メートル、二〇万五〇〇〇ＤＷＴの船型とする予定であったが、その後、船体強度に余裕があるため、吃水を一七・六五メートルまで上げ、トン数も二〇万九三〇二ＤＷＴに変更された。出光丸では、それまで船体のごく一部にしか使用されてこなかった高張力鋼をはじめて船体中央部の全面にわたって採用し、船殻重量の軽減を図った点に特徴があった。高張力鋼用溶接棒の改良、自動溶接機の開発などの技術革新があって、高張力鋼を大量に使用する建造が可能となったのである。

この点について、ＩＨＩ側で出光丸の建造に関わった真藤恒は、「あのころは、鋼材の性質と溶接の相互関係が心配要らなくなってきたから、思い切ったことができたんです。日本の製鉄の原料が、インドのゴアとマレーシアに変わり、銅が全然混ざらない鉄ができるようになった。その結果、溶接に対する日本の鉄の性質がジャンプアップしたんです」と回顧している。

一方、出光興産側で出光丸の建造に関与した大西彰一は、「あれは完成したばかりの横浜第二工場でしたね。事前打ち合わせで、建造ドッグで造りうる最大船型を割り出したら二十万三千七百トンという数字がでました。しかし、当時、製鉄メーカーが開発していた溶接性に優れた高張力鋼がちょうど実用段階に入り、出光丸ではそれを船体中央部の全面にわたって使用しました。高張力鋼は、普通鋼より強度が二五％も高いから、当然鋼材は薄くてすみ、船殻鋼材の重量が減少した分、載荷重量が増えて、出光丸は最終的に二十万九千トンになりました」と振り返っている（以上、出光興産株式会社店主室編、一九九四、五〇〇頁）。

世界最大のタンカー、出光丸は、一九六六年二月にＩＨＩ横浜第二工場で起工され、同年九月には進水した。艤装作業のあと一九六六年一一月から試運転に入り、同年一二月七日、ＩＨＩから出光興産に引き渡された。

出光丸の就航は、ＶＬＣＣ時代の幕開けとなった。一方、タンカー大型化の流れはその後も続き、一九六八年には三〇万ＤＷＴを超える初のＵＬＣＣ（Ultra Large Crude Oil Carrier）が、ＩＨＩと三菱重工業によって共同建造された。さらに、四〇万DWT超級、五〇万DWT超級のタンカーまで登場した。しかし、積揚げ地の多様化やカーゴ・ロットの小口化に伴い、機動性に乏しいULCC市場のニーズに適合しなくなり、大型化の動きは鎮静化して、二〇万DWT超級VLCCがタンカーの主流となった。

2 晩年と死

出光美術館のオープン

出光興産は、一九六六年（昭和四一）八月、本社をパレスビルから東京都千代田区丸の内三丁目の帝劇ビルへ移転した。それから二カ月後、出光佐三が出光興産の社長から会長に転じた月でもある一九六六年一〇月に出光興産は、本社と同じ建物のなかで、出光美術館を開館した。出光興産株式会社店主室編（一九九四）は、出光美術館オープンにいたる経緯について、次のように説明している。

「店主（出光佐三のこと）と美術品との出合いは、学生時代、骨董品屋で見つけた仙厓の『指月布袋』に遡る。以来、世俗に媚びない『美』という永遠なものを求め続けた店主の蒐集《しゅうしゅう》は、仙厓、中国陶器、古唐津などに広がり、物、物を呼んで、一大コレクションとなっていた。

店主にとって、これらの蒐集は事業家としての理想追求の心の支えとなったわけであるが、さらに発展させてこの美術品を中心に日本の文化遺産を保存し後世の人達に伝承しようということで昭和四十一年〔一九六六年〕、出光美術館が誕生した」。（五〇二頁）

出光美術館は、開館から六年後の一九七二年九月に財団法人として独立した。財団法人出光美術館の設立趣意書は、「法人設立の暁には、過去五ヶ年にわたる美術館活動の実績に基き、その内容の充

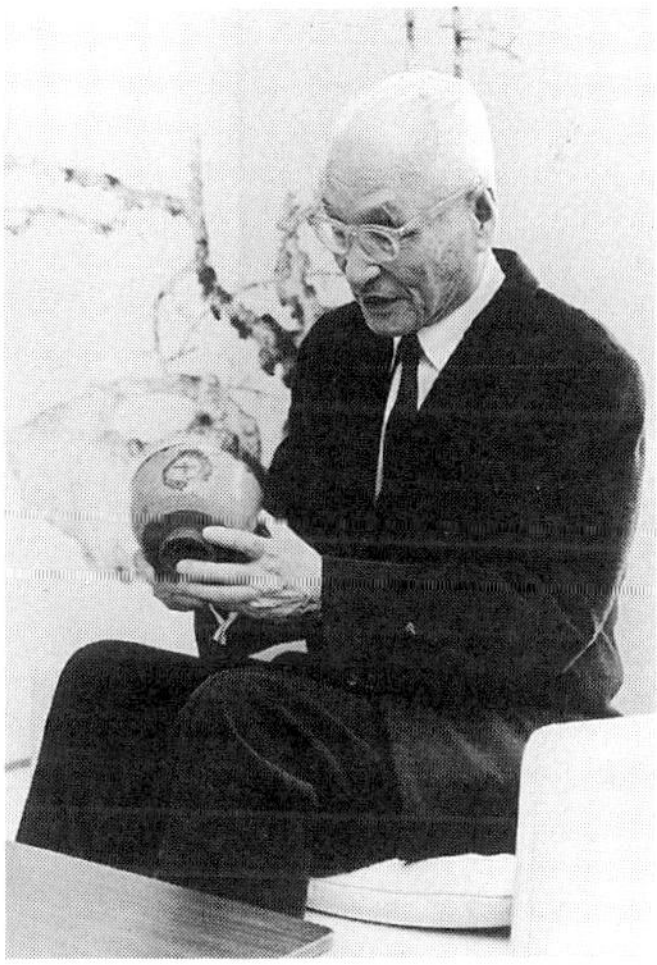

骨董蒐集に情熱を注いだ佐三
（出光興産提供）

帝劇ビルに移転した本社（1966年）（出光興産提供）

実を図り、専門分野に関する研究調査を行ない、後進を指導助成し、更に進んでは日本精神陶治のよすがともなり、我国美術の振興、文化の向上発展に寄与せんとするものであります」、と高らかに謳っている（出光興産株式会社店主室編、一九九四、五〇七頁）。この宣言どおり、出光美術館は、日本および東洋の文化の神髄に触れることができる場として、今日にいたるまで、国内だけでなく世界的にも高い評価を受け続けている。

出光佐三の社長退任とその後

出光興産が石油連盟に復帰する一カ月前の一九六六年（昭和四一）一〇月、創業以来、出光商会の店主および出光興産の社長を一貫してつとめてきた出光佐三は、出光興産の会長に就任することになった。一九一一年（明治四四）の出光商会の創業から五五年目、一九四〇年（昭和一五年）の出光興産の設立から二六年目、一九四七年の出光興産による出光商会合併から一九年目の出来事であった。

新たに出光興産の第二代社長に就任したのは、弟の出光計助であった。出光計助は、社長就任時を振り返って次のように書いている。

「昭和四十一年（一九六六年）十月一日、私は社長に就任し、明治四十四年六月二十日の創業以来、出光をリードしてきた兄佐三は会長となった。私は六十六歳、兄は八十二歳だった。後に定款を変更し、兄は、長年社内で呼びならわしてきた『店主』と称することになった。

社長に就任したときの記者会見で、

『兄貴はオオカミだが、僕はネズミ。とても兄のまねはできないが、僕は僕なりの考えでがんばる』

と抱負を述べた」

（出光計助、一九八六、二三七頁）

その後、一九七二年一月に出光佐三は店主専任となり、代って出光計助が出光興産会長になった。出光計助のあとを継いで出光興産の第三代社長に就任したのは、石田正實であった。

出光佐三の死

一九八一年（昭和五六）三月七日、出光佐三は、満九五歳の長寿を全うして永眠した。佐三は、その年の二月中旬に軽い風邪をひいて静養し、その後快方に向っていたが、三月七日早朝に容態が急変した。そしてそのまま、午前一一時二五分、近親者に見守られながら、急性心不全によって帰らぬ人となった。

出光佐三が死去した一九八一年は、出光商会が門司で創業して以来、ちょうど七〇年目に当る。出光佐三は、「人間尊重」に代表される独自の経営理念を打ちたて、一代で出光興産を築くとともに、明治、大正、昭和を通じてわが国の石油産業の発展に一生を捧げた。経営の第一線を退いた後も、戦後の金権的な世相に抗して、日本人のあり方について世に示唆を与え続けた。

昭和天皇は、佐三の死去を悼んで、「出光佐三　逝く」として次のように詠まれた。

「国のため　ひとよつらぬき　尽くしたる　きみまた去りぬ　さびしと思ふ」

ここで、出光佐三が第二次世界大戦後直面した固有の歴史的文脈を、いま一度確認しておこう。以下は、一九六一年（昭和三六）の創業五十周年講演における佐三自身の言葉である。

「終戦後の石油政策は、外国石油会社の策謀によって完全に出光を石油業界より追い出す方針がとられた。先に日本の軍に協力して外国石油を支那大陸より追い出さんとした日本の石油会社は、このとき巧妙に外国石油会社と提携したが、出光は支那大陸における市場独占の恐ろしい体験から見て、わが国石油市場を外国会社の独占搾取より救わねばならぬと考えて、戦後、無力に等しい自分に鞭打ち、外国石油会社およびこれらと提携している日本の各社を向うに回して孤軍奮闘したのである。これが十年間の苦難試練の種子《たね》を播いたこととなって、石油業界から出光をノックアウトしてしまえというのが、外国の大石油会社の一致した意見であった。製油所を許可しないのはもちろん、輸入する重油のアメリカにおける買入れにも圧迫を加える等、あらゆる手段を弄して、出光に油を供給することを阻止していた。結局追いつめられた結果、その打開策の一つの現われとして、イランに日章丸が行くというようなことにもなったのである。待ちに待った徳山製油所が許可になり、製油所が竣工しても、原油をどこから買うかということが、出光にとっては死活の問題となったのである。現在では想像もできない馬鹿げたことである」。

（出光佐三、一九六二、七頁）

このような文脈を考えると、出光佐三がメジャーズへの挑戦や政府規制への抵抗の姿勢を貫き、出光興産を日本有数の石油会社に育て上げたこと自体が、一種の奇跡であるとさえ言える。出光興産がようやく「十年間の苦難試練」を乗り越えたのは、徳山製油所で処理する原油をガルフ石油等から調達する見通しが立った一九五七年頃のことであった。

その間、日本政府は、出光興産の事業活動を妨害することはあっても、けっして支援することはなかった。そのような政府の姿勢は、一九六二年の石油業法制定で、さらに露骨になった。厳しい逆境をはねのけて前進した出光佐三の企業者活動の歴史的意義は、きわめて大きいと言うことができる。

終章　革新的企業者としての出光佐三

革新的企業者活動をめぐる二つの論点

ここまで詳しく論じてきた出光興産の出光佐三は、松下電器の松下幸之助、ブリヂストンタイヤの石橋正二郎、ソニーの井深大《いぶかまさる》・盛田昭夫、本田技研の本田宗一郎・藤沢武夫らと並び称されることの多い、第二次世界大戦後の日本を代表する革新的企業者の一人である。これらの企業者の成功は、もちろん、それぞれの個人的資質によるところが大きいことは間違いない。しかし、そこには、何らかの共通する要因が存在することも、また事実である。戦後日本の革新的企業者活動に共通する要因を論じる際にキーポイントとなるのは、次の二つの論点である。

(A)戦後の日本では企業者活動にとってのビジネスチャンスがいかに広がったか（言い換えれば、革新的企業者活動の客観的条件は何か）。

表終-1　戦後復興期から高度経済成長期にかけての日本における革新的企業者活動の条件

諸　条　件	ソニー	本田技研	出光興産
(A)客観的条件			
(A)1：消費財需要の拡大・深化	○	○	○
(A)2：新興企業に有利な競争条件の変化	○	○	
(B)主体的条件			
(B)0：戦前・戦中の遺産			○
(B)1：新市場開拓・製品差別化による競争優位	○	○	
(B)2：早期からの海外への注目	○	○	○
(B)3：自前のブランドと販路の確立	○	○	○
(B)4：リスク・テイキングな差別化投資	○	○	○
(B)5：資金的支援者の存在	○	○	○

出所：橘川武郎・野中いずみ（1995），橘川武郎（1998b）より作成。
注：それぞれのケースについて，あてはまる条件に対して○を記した。

(B)広がったビジネスチャンスを特定の経営者だけが活かしえたのはなぜか（言い換えれば、革新的企業者活動の主体的条件は何か）。

革新的企業者活動の客観的条件

これらのうち、まず、(A)の「革新的企業者活動の客観的条件は何か」という論点について考えてみよう。なお、表終-1は、筆者が、これまで行ったことがある本田技研・ソニー・出光興産に関する研究に基づいて、戦後復興期から高度経済成長期の日本における革新的企業者活動の条件についてまとめたものである。

終戦直後から高度経済成長期にかけて日本に存在した革新的企業者活動にとっての客観的条件は、需要サイドの要因「(A)1」と供給サイドの要因「(A)2」とに分けてとらえることができる。

需要サイドの客観的条件としては、大衆の可処分所得が増大し、消費財に対するニーズが広がるとともに深まりをみせた点［Ⓐ1］を挙げるのが妥当であろう。「消費革命」、「大衆消費社会の到来」などと言われたのが、それである。その頃の日本において、革新的企業者活動の体現者となった企業の多くは、消費財の生産に携わっていた。このことは、大衆の可処分所得の増大による消費財市場の広がりと深まりが、企業者活動の客観的条件になったことを、如実に物語っている。

一方、供給サイドの客観的条件としては、日本国内の競争条件の変化により、新興企業にチャンスが巡ってきた点［Ⓐ2］を指摘すべきであろう。消費財市場が広がりと深まりをみせ、ビジネスチャンスが拡大したのであれば、まず、既存の大企業がそのようなチャンスを活かすことに乗り出すと想定するのが自然である。しかし現実には、既存の大メーカーの多くは、新たにビジネスチャンスが生じた分野に他律的な要因により進出できなかったり［Ⓐ2a］、選択的に進出しなかったり［Ⓐ2b］したのである。

既存の大企業が他律的な要因により進出できなかったケースでは、財閥解体、独占禁止や労働攻勢などの戦後的な条件変化［Ⓐ2a］が、重要な意味をもった。本来ならば、家電市場を制圧しうる潜在能力を有していた東芝が、戦後改革と労働攻勢の荒波にさらされて、終戦後の立ち上がりで大きく出遅れたことは、その端的な事例である。

これに対して、既存の大企業が選択的に進出しなかったケースでは、消費財市場の拡張・深化のテンポが既存企業の成長のペースを上回った点〔Ⓐ2b〕が、重要な意味をもった。消費財へのニーズが深まるなかで、それらの企業は、まず、すでに事業化している商品の増産や品質改善に取り組まなければならなかった。そのうえで、消費財市場の広がりも考慮に入れて、有望な新規分野には参入したのであるが、おのずと参入の範囲には限界があった。例えば、テレビ市場には早くから参入した東芝、日立製作所、三菱電機が、トランジスタの技術には関心を示しながらも、肝心のトランジスタラジオの開発でソニーに大きく立ち遅れたのは、このためであった。

革新的企業者活動の主体的条件

革新的企業者活動の客観的条件が広がったとしても、すべての企業者が成功を収めたわけではない。成功を達成したのは、ごく一部の者に限られた。

そこで次に、Ⓑの「革新的企業者活動の主体的条件は何か」という論点について光を当ててみよう。この点に関しては、次の五つの条件を指摘することができる。

第一は、新市場の開拓と製品の差別化により、競争優位を確保したこと〔Ⓑ1〕。

第二は、早い時期から海外に目を向けたこと〔Ⓑ2〕。

第三は、自前のブランドと販路を確立したこと〔Ⓑ3〕。

第四は、リスク・テイキングな差別化投資を行ったこと〔Ⓑ4〕。

第五は、資金的支援者が存在したこと〔Ⓑ5〕。

出光佐三のケースの普遍性

前項で指摘した革新的企業者活動の客観的条件(A)については二つ［(A)1〜(A)2］、革新的企業者活動の主体的条件(B)については五つ［(B)1〜(B)5］の諸条件は、ソニーの井深大・盛田昭夫や本田技研の本田宗一郎・藤沢武夫が展開した戦後日本の代表的な革新的企業者活動を観察することによって、筆者自身が導き出したものである（橘川武郎・野中いずみ、一九九五／橘川武郎、一九九八b、参照）。これら合計七条件のうち五条件は、出光佐三のケースに関しても、そのままあてはまるとみなすことができる。

(A)の客観的条件のうち需要サイドの要因、つまり、消費財に対するニーズが広がるとともに深まりをみせた点［(A)1］は、戦後の出光佐三の事業活動にとっても重要な意味をもった。モータリゼーションの進行に伴うガソリン等の需要の急伸がなかったならば、戦後復興期から高度経済成長期にかけての出光興産の急成長は起こりえなかったであろう。

(B)の主体的条件のうち四つの要因、つまり、早い時期から海外に目を向けたこと［(B)2］、自前のブランドと販路を確立したこと［(B)3］、リスク・テイキングな差別化投資を行ったこと［(B)4］、資金的支援者が存在したこと［(B)5］の四点も、戦後の出光佐三の事業活動によくあてはまる。(B)2の点は、一九五二年（昭和二七）のアメリカからの高オクタン価ガソリンの輸入、一九五三年のイランからの石油輸入、一九六〇年のソ連からの原油輸入から見てとることができる。(B)3の点は、アポロガソリンのブランド確立、販売店数の急速な拡大（一九四九年度末の九二店から六六年度末の一四七六店へ増加した。表12－2参照）から確認することが可能である。また、(B)4の点があてはまることも、

「日本一」の徳山製油所の建設、「東洋一」の千葉製油所の建設、「世界一」の日章丸三世の建造から明らかである。さらに(B)5の点に関連しては、戦前期も含めての話になるが、創業時における日田重太郎、戦前における二十三銀行や大分合同銀行、戦後における東京銀行や東海銀行、バンク・オブ・アメリカなどが、出光佐三を資金難から救い、出光発展の陰の功労者となったことは間違いない。

なお、出光佐三は、一九六一年の創業五十周年の講演のなかで、戦後の出光興産が直面した資金調達面での困難とその克服について、次のように述懐している。

「日本の各銀行は外国石油会社およびその傘下に服している日本の各石油会社と取引があるので、これらの会社を向うに回して戦っている出光に資金を与えなかった。いかにわれわれが口を極めて外国石油会社に日本の市場を独占されるな、搾取されるな、というようなことを言い、いかに国家のために正論を吐いても、出光に対しては日本の銀行は金を貸さない。このことは今日から見ればおかしいようであるが、その当時は出光に金を貸す銀行はなかった、と言っていいくらいであった。ただ東京銀行、東海銀行が、出光の行き方を理解して助けてくれたので、今日の出光が残りえたのである。そういうときにサンフランシスコのアメリカ銀行が、出光の行き方をどういうことで知ったかはわからないが、一千万ドル（三十六億円）貸してやろうということで、私は契約のためにアメリカに行ったわけである。これが呼び水となって、日本の銀行がわれもわれもと出光に金融するようになった」。

（出光佐三、一九六二、八頁）

この言葉は、出光興産の発展にとっても、(B)5の資金的支援者の存在という条件が重要な意味をもったことを伝えている。

出光佐三のケースの特殊性

ところで、先に示した七つの条件のうち残る二つの条件は、出光佐三のケースには必ずしもあてはまらなかった。それは、(A)の客観的条件中の供給サイドの要因、つまり、日本国内の競争条件の変化により新興企業にチャンスが巡ってきた点［(A)2］と、(B)の主体的条件中の取扱商品に関わる要因、つまり、新市場の開拓と製品の差別化により競争優位を確保した点［(B)1］である。

(A)2の点について見れば、敗戦とその後の占領政策による日本の石油業界における競争条件の変化は、新興企業である出光にとって、むしろ不利に作用した。敗戦により在外店舗をすべて喪失したこと、戦前以来の日本石油の特約店という立場を失ったこと、ライバルである日本の大規模石油会社が占領下でメジャーズ等との外資提携を進めたこと、出光が重視した石油製品輸入が原油輸入消費地精製主義の台頭により政策的に後退を余儀なくされたこと、などはいずれも、直接的には出光の経営に否定的な影響を及ぼす状況変化であった。

もう一つの(B)1の点について見れば、主力製品であるガソリンや重油、軽油が品質面で差別化することが難しい商品であるという一般的な事情が、製品差別化戦略を出光がとることを困難にした。それでも出光興産は高オクタン価ガソリンの輸入などの措置を講じたが、その輸入も、消費地精製主義への一元化（言い換えれば、原油輸入への一元化）が進行するなかで、やがて不可能になっていった。

ここで重要な点は、出光佐三のケースにおいては、(A)2や(B)1の条件が欠落していることを補う別の主体的な条件、端的に言えば戦前・戦中の遺産という条件（表終-1中の(B)0）が、作用していたことである（戦後に創業したソニーや本田技研が、戦前・戦中の遺産という主体的条件をもちあわせていないのは、当然のことである。これは初期条件の違いによるものであり、この点を考慮に入れて、表終-1では(B)0という記号を付した）。

出光にとっての最大の戦前・戦中の遺産は、政府や軍部の統制と対抗しながら、東アジア地域を中心的な舞台として「大地域小売業」の方針を実践し、メジャーズ等の外国石油会社に果敢に挑戦した経験と実績に求めることができる。敗戦と占領の影響により競争条件が不利になった状況下でも、出光がともかくも石油配給公団の販売店や元売会社になりえたのは、終戦時までの実績がものを言ったからである。

また、製品差別化による競争優位の確保という戦略がとりえない条件のもとでも、新興勢力である出光興産が一九五〇年代から一九六〇年代初頭にかけて急速にシェアを伸ばすことができたのは、戦前・戦中に主として外地で培った販売力を、戦後は国内で発揮したからであろう。そもそも、政府から自由に独立独歩の立場を堅持し、メジャーズの市場支配に果敢に立ち向かうという、戦後の出光興産の「民族系石油会社の雄」としての歩みは、戦前・戦中の原体験がなければ導かれえないものだったのである。

参考文献

井口東輔、一九六三、『現代日本石油産業発達史Ⅱ　石油』交詢社。

出光計助、一九八六、『二つの人生』講談社。

出光興産株式会社、二〇一〇、『出光グループCSRレポート二〇一〇』。

出光興産株式会社所蔵、編纂年次不明、『戦前南方勤務者回顧録（五十年史資料）』。

出光興産株式会社編、一九七〇、『出光五十年史』。

出光興産株式会社人事部教育課編、二〇〇八、『出光略史』。

出光興産株式会社総務部広報課編、一九九一、『石油産業の歩み――戦後から平成へ』。

出光興産株式会社総務部文書課、一九七九、『終戦後三〇年間の石油業界と出光の歩み（抜粋）主要資料』。

出光興産株式会社店主室編、一九九三、『出光佐三言行録　第一巻』。

出光興産株式会社店主室編、一九九四、『積み重ねの七十年』。

出光佐三、一九五六、『我が四十五年間』。

出光佐三、一九六二、『人間尊重五十年』春秋社。

出光佐三、一九七二、『我が六十年間』。

関東州満州出光史調査委員会・総務部出光史編纂室編、一九五八、『関東州満州出光史及日満政治経済一般状況調査資料集録』。

橘川武郎、一九九八a、「明確な戦略と販路の確保」（塩見治人・堀一郎編『日米関係経営史』名古屋大学出版会、所収）。

橘川武郎、一九九八b、「革新的企業者活動の条件――出光佐三（出光商会・興産）」（伊丹敬之・加護野忠男・宮本又郎・米倉誠一郎編『日本企業の経営行動4　企業家の群像と時代の息吹き』有斐閣、所収）。

橘川武郎、二〇一二、『戦前日本の石油攻防戦』ミネルヴァ書房。

橘川武郎解説・翻訳、一九九八、『GHQ日本占領史第47巻　石油産業』日本図書センター。

橘川武郎・野中いずみ、一九九五、「革新的企業者活動の継起――本田技研とソニーの事例」（由井常彦・橋本寿朗編『革新の経営史』有斐閣、所収）。

興亜院華中連絡部編、一九四一、『中支石油事情』。

済藤友明、一九九〇、「石油」（米川伸一・下川浩一・山崎広明編『戦後日本経営史　第Ⅱ巻』東洋経済新報社、所収）。

下関出光史調査委員会・総務部出光史編纂室編、一九五九、『下関出光史調査集録並に本店概況』。

上海油槽所史調査委員会・総務部出光史編纂室編、一九五九、『出光上海油槽所史並中華出光興産状況調査集録（原稿）』。

高倉秀二、一九八三、「石油民族資本の確立者：出光佐三」（『歴史と人物』中央公論社、一九八三年一〇月号）。

朝鮮出光史調査委員会・総務部出光史編纂室編、一九五九、『朝鮮出光史及朝鮮政治経済一般状況調査資料集録』。

通商産業省通商産業政策史編纂委員会編、一九九二、『通商産業政策史3　第Ⅰ期戦後復興期(2)』。

富永武彦、一九七六、「ジヤワの思出」［手書き資料］（出光興産株式会社所蔵、編纂年次不明、『戦前南方勤務者回顧録（五十年史資料）』所収）。

日本経営史研究所編、一九九〇、『脇村義太郎対談集』。

日本石油株式会社、一九八八、『日本石油百年史』。

博多出光史調査委員会・総務部出光史編纂室編、一九五九、『博多出光史並一部本店状況調査集録』。

『門司新報』、一九一五、「発動機船と軽油」（『門司新報』一九一五年四月八日付）。


これらの参考文献のうち、以下に掲げるものは、『出光五十年史』の編纂にあたって収集された文書データやオーラル・ヒストリーの記録である。

＊『戦前南方勤務者回顧録（五十年史資料）』
　太平洋戦争時に南方で勤務した出光関係者の記録。手書きの資料も含む。
＊『関東州満州出光史及日満政治経済一般状況調査資料集録』
　関東州を含む満州での出光の活動を、大連支店の動向を中心に記録。政治的経済的背景についても記述。
＊『下関出光史調査集録並に本店概況』
　戦前の出光・下関支店の活動記録。本店の動向にも言及。
＊『出光上海油槽所史並中華出光興産状況調査集録（原稿）』
　出光の上海支店と上海油槽所の活動記録。中華出光興産の動向にも言及。
＊『朝鮮出光史及朝鮮政治経済一般状況調査資料集録』
　朝鮮での出光の活動を、京城支店の動向を中心に記録。政治的経済的背景についても記述。
＊『博多出光史並一部本店状況調査集録』
　戦前の出光・博多支店の活動記録。本店の動向にも言及。

あとがき

二〇一一年（平成二三）、出光興産株式会社は、創業者である出光佐三が前身の出光商会を開設してから百周年に当たる節目を迎えた。出光興産は、それを記念して『出光百年史』（刊行は二〇一二年）を編纂したが、筆者は、同書の原稿を一人で執筆する機会を与えられた。同書執筆の経験をふまえ、改めて出光佐三の足跡に焦点を絞ってまとめ直したものが、本書である。

二〇一一年は、日本にとって、第二次世界大戦後最大の自然災害となった東日本大震災が発生した年でもある。東日本大震災は、東京電力・福島第一原子力発電所の事故を伴い、それを契機にして、日本のエネルギー産業のあり方が根本から見直されることになった。エネルギー産業の改革に当たって最も重要なことは、同産業の中核を担う民有民営の諸企業が、民間活力を取り戻し、公益性と私企業性を両立させる自律的経営を再構築することである。そして、それを実現する過程で、日本のエネルギー産業界が生んだ巨人である出光佐三の歩みから教えられる点は、多々存在する。福島第一原発事故後に改めて本書を刊行した背景には、このような事情が存在する。

出光佐三は、その生涯を通じて、メジャーズへの挑戦や政府規制への抵抗を貫いた。基本的には民営形態をとる今日の日本のエネルギー産業界に何よりも求められているのは、出光佐三が貫いたような自律的経営の精神である。

本書の出版にあたっては、出光興産株式会社の関係者の方々、ミネルヴァ書房の杉田啓三社長および編集部の田引勝二氏に、たいへんお世話になった。最後に特記して、感謝の意を表したい。

二〇一二年早春　東日本大震災の被災地、岩手県釜石市にて

橘川武郎

出光佐三略年譜

和暦	西暦	齢	関係事項	一般事項
明治一八	一八八五	0	8月福岡県宗像郡赤間村で生誕。	
二二	一八八九	4		2・11大日本帝国憲法発布。
三七	一九〇四	19		2・10日露戦争勃発。
三八	一九〇五	20	4月神戸高商に入学。	9・5ポーツマス条約調印。
四二	一九〇九	24	3月神戸高商を卒業（酒井商会に入店）。	
四四	一九一一	26	6月出光商会を創設。	
大正　三	一九一四	29	出光商会、南満州鉄道に機械油納入を開始。	7・28第一次世界大戦勃発（〜一九一八年）。
一二	一九二三	38		9・1関東大震災。
昭和　四	一九二九	44	朝鮮における石油関税改正のために奔走。	
六	一九三一	46		9・18満州事変発生。
七	一九三二	47		3・1満州国建国宣言。5・15五・一五事件。
一〇	一九三五	50	「満州国」の石油専売制に反対。	

一一	一九三六	51		2・26二・二六事件。
一二	一九三七	52		7・7盧溝橋事件（日中戦争勃発）。
一三	一九三八	53	国策会社大華石油の設立に反対。	
一四	一九三九	54		9・1第二次世界大戦勃発。
一五	一九四〇	55	3月出光興産を設立。	
一六	一九四一	56	北支石油協会の設立に反対。	12・8日本軍、ハワイ真珠湾攻撃。
一八	一九四三	58	石油専売法に反対。北支石油配給機構の簡素化により、配給担当は出光に一本化。	
二〇	一九四五	60	8月海外全店閉鎖。	8・15終戦。
二一	一九四六	61	国際石油カルテルの独占を規制することを建言。	11・3日本国憲法公布（翌年五月三日施行）。
二二	一九四七	62	10月出光、石油配給公団の販売店指定を受ける。11月出光商会が出光興産に合併（出光興産の社長は出光佐三）。	
二三	一九四八	63	3月出光興産、元売業者の指定を受ける。	
二五	一九五〇	65	出光興産、石油製品の輸入を主張。	6・25朝鮮戦争勃発。
二六	一九五一	66	9月出光興産、日章丸二世を建造。	9・8サンフランシスコ講和条約、日米安保条約調印。

二七	一九五二	67	5月出光興産、高オクタン価ガソリンを輸入。	
二八	一九五三	68	5月出光興産、イラン石油を輸入（「日章丸事件」）。	2・1NHK、テレビ本放送開始。
三〇	一九五五	70		10・13左右社会党統一。11・15保守合同。この年、神武景気。
三一	一九五六	71		10・19日ソ共同宣言。
三二	一九五七	72	3月出光興産の徳山製油所、竣工。	
三四	一九五九	74		4・10皇太子成婚パレード。
				8・28三池争議始まる。
三五	一九六〇	75	4月出光興産、ソ連石油を輸入。	6・23新安保条約批准。12・27池田内閣、国民所得倍増計画策定。
三七	一九六二	77	出光興産、石油業法に反対。7月出光興産、日章丸三世を建造。	
三八	一九六三	78	1月出光興産の千葉製油所、竣工。11月出光興産、石油連盟から一時脱退。	
三九	一九六四	79		10・10東京オリンピック開幕。
四一	一九六六	81	10月出光興産社長を退任し、同社会長に就任。	この年、いざなぎ景気本格化。
四三	一九六八	83		日本、GNP世界第二位に。
四四	一九六九	84		1・18～19東大安田講堂封鎖解

				除。
四五	一九七〇	85		3・14〜9・13大阪万国博覧会開催。3・31〜4・3よど号事件。
四七	一九七二	87	1月出光興産会長を退任。	2・3〜13札幌オリンピック。2・19〜28浅間山荘事件。5・15沖縄返還。9・29日中共同声明。
四八	一九七三	88		2・14円、変動相場制へ移行。10・25第一次オイルショック始まる。
四九	一九七四	89		この年、戦後初のマイナス成長。
五一	一九七六	91		2・4ロッキード事件発覚。
五四	一九七九	94		1月第二次オイルショック。
五五	一九八〇	95		6・28〜29東京サミット開催。
五六	一九八一	95	3月永眠。	日本、自動車生産台数世界一へ。

人名索引

《著者紹介》

橘川武郎（きっかわ・たけお）

1951年　生まれ。

1983年　東京大学大学院経済学研究科第Ⅱ種博士課程単位取得。経済学博士。

　　　　青山学院大学経営学部助教授，東京大学社会科学研究所教授を経て，
現　在　一橋大学大学院商学研究科教授（日本経営史，エネルギー産業論専攻）。

著　書　『日本電力業の発展と松永安左ヱ門』名古屋大学出版会，1995年。

　　　　『日本の企業集団——財閥との連続と断絶』有斐閣，1996年。

　　　　『GHQ 日本占領史第47巻　石油産業』翻訳と解説，日本図書センター，1998年。

　　　　『日本電力業発展のダイナミズム』名古屋大学出版会，2004年。

　　　　『松永安左エ門』ミネルヴァ書房，2004年。

　　　　『情熱の日本経営史１　資源小国のエネルギー産業』芙蓉書房出版，2009年。

　　　　『講座日本経営史第６巻　グローバル化と日本型企業システムの変容』共編著，ミネルヴァ書房，2010年。

　　　　『原子力発電をどうするか』名古屋大学出版会，2011年。

　　　　『東京電力　失敗の本質』東洋経済新報社，2011年。

　　　　『電力改革』講談社，2012年。

　　　　『戦前日本の石油攻防戦』ミネルヴァ書房，2012年，ほか。

ミネルヴァ日本評伝選

出《いで》光《みつ》佐《さ》三《ぞう》

——黄金の奴隷たるなかれ——

2012年６月10日　初版第１刷発行　〈検印省略〉

定価はカバーに
表示しています

著　者　橘　川　武　郎

発行者　杉　田　啓　三

印刷者　江　戸　宏　介

発行所　株式会社　ミネルヴァ書房

607-8494 京都市山科区日ノ岡堤谷町１
電話（075）581-5191（代表）
振替口座 01020-0-8076番

© 橘川武郎，2012〔108〕

共同印刷工業・新生製本

ISBN978-4-623-06369-7

Printed in Japan

刊行のことば

歴史を動かすものは人間であり、興趣に富んだ人間の動きを通じて、世の移り変わりを考えるのは、歴史に接する醍醐味である。

しかし過去の歴史学を顧みるとき、人間不在という批判さえ見られたように、歴史における人間のすがたが、必ずしも十分に描かれてきたとはいえない。二十一世紀を迎えた今、歴史の中の人物像を蘇生させようとの要請はいよいよ強く、またそのための条件もしだいに熟してきている。

この「ミネルヴァ日本評伝選」は、正確な史実に基づいて書かれるのはいうまでもないが、単に経歴の羅列にとどまらず、歴史を動かしてきたすぐれた個性をいきいきとよみがえらせたいと考える。そのためには、対象とした人物とじっくりと対話し、ときにはきびしく対決していくことも必要になるだろう。

今日の歴史学が直面している困難の一つに、研究の過度の細分化、瑣末化が挙げられる。それは緻密さを求めるが故に陥った弊害といえるが、その結果として、歴史の大きな見通しが失われ、歴史学を通しての社会への働きかけの途が閉ざされ、人々の歴史への関心を弱める危険性がある。今こそ歴史が何のためにあるのかという、基本的な課題に応える必要があろう。評伝という興味ある方法を通じて、解決の手がかりを見出せないだろうかというのも、この企画の一つのねらいである。

狭義の歴史学の研究者だけでなく、多くの分野ですぐれた業績をあげている著者たちを迎えて、従来見られなかった規模の大きな人物史の叢書として、「ミネルヴァ日本評伝選」の刊行を開始したい。

平成十五年（二〇〇三）九月

ミネルヴァ書房

ミネルヴァ日本評伝選

企画推薦
梅原　猛
ドナルド・キーン
佐伯彰一
角田文衛

監修委員
上横手雅敬
芳賀　徹

編集委員
石川九楊
伊藤之雄
猪木武徳
今谷　明
今橋映子
熊倉功夫
佐伯順子
坂本多加雄
武田佐知子
竹西寛子
西口順子
兵藤裕己
御厨　貴

上代

＊俾弥呼　古田武彦
日本武尊　西宮秀紀
仁徳天皇　若井敏明
雄略天皇　吉村武彦
＊蘇我氏四代　遠山美都男
推古天皇　義江明子
聖徳太子　仁藤敦史
斉明天皇　武田佐知子
小野妹子・毛人　大橋信弥
＊額田王　梶川信行
弘文天皇　遠山美都男
天武天皇　新川登亀男
持統天皇　丸山裕美子
阿倍比羅夫　熊田亮介
柿本人麻呂　古橋信孝
＊元明天皇・元正天皇　渡部育子
聖武天皇　本郷真紹
光明皇后　寺崎保広
孝謙天皇　勝浦令子
藤原不比等　荒木敏夫
吉備真備　今津勝紀
＊藤原仲麻呂　木本好信
道　鏡　吉川真司
大伴家持　和田　萃
行　基　吉田靖雄

平安

＊桓武天皇　井上満郎
嵯峨天皇　西別府元日
宇多天皇　古藤真平
醍醐天皇　石上英一
村上天皇　京樂真帆子
花山天皇　上島　享
＊三条天皇　倉本一宏
藤原薬子　中野渡俊治
小野小町　錦　仁
藤原良房・基経　瀧浪貞子
菅原道真　竹居明男
＊紀貫之　神田龍身
源高明　所　功
＊安倍晴明　斎藤英喜
藤原実資　橋本義則
＊藤原道長　朧谷　寿
藤原伊周・隆家　倉本一宏
藤原定子　山本淳子
清少納言　後藤祥子
紫式部　竹西寛子
和泉式部　ツベタナ・クリステワ
大江匡房　小峯和明
阿弖流為　樋口知志
坂上田村麻呂　熊谷公男
＊源満仲・頼光　元木泰雄
平将門　西山良平
藤原純友　寺内　浩
空　海　頼富本宏
最　澄　吉田一彦
＊空　也　石井義長
奝　然　上川通夫
＊源　信　小原　仁
後白河天皇　美川　圭
式子内親王　奥野陽子
建礼門院　生形貴重
藤原秀衡　入間田宣夫
平時子・時忠　元木泰雄
平維盛　根井　浄
守覚法親王　阿部泰郎
藤原隆信・信実　山本陽子

鎌倉

源頼朝　川合　康
＊源義経　近藤好和
源実朝　神田龍身
後鳥羽天皇　五味文彦
九条兼実　村井康彦
九条道家　上横手雅敬
北条時政　野口　実
能谷直実　佐伯真一
＊北条政子　関　幸彦
北条義時　岡田清一
曾我十郎・五郎　杉橋隆夫
北条時宗　近藤成一
安達泰盛　山陰加春夫
平頼綱　細川重男
竹崎季長　堀本一繁
西　行　光田和伸
藤原定家　赤瀬信吾
＊京極為兼　今谷　明
＊兼　好　島内裕子
重　源　横内裕人
＊運　慶　根立研介
快　慶　井上一稔

法然　今堀太逸
慈円　大隅和雄
明恵　西山　厚
親鸞　末木文美士
恵信尼・覚信尼　西口順子
覚如　今井雅晴
道元　船岡　誠
叡尊　細川涼一
*忍性　松尾剛次
*日蓮　佐藤弘夫
一遍　蒲池勢至
夢窓疎石　田中博美
*宗峰妙超　竹貫元勝

南北朝・室町

後醍醐天皇　上横手雅敬
護良親王　新井孝重
赤松氏五代　渡邊大門
*北畠親房　岡野友彦
楠正成　兵藤裕己
*新田義貞　山本隆志
光厳天皇　深津睦夫
足利尊氏　市沢　哲
佐々木道誉　下坂　守
円観・文観　田中貴子
足利義詮　早島大祐
足利義満　川嶋將生
足利義持　吉田賢司
足利義教　横井　清
大内義弘　平瀬直樹
伏見宮貞成親王　松薗　斉
山名宗全　山本隆志
日野富子　脇田晴子
世阿弥　西野春雄
雪舟等楊　河合正朝
宗祇　鶴崎裕雄
*満済　森　茂暁
一休宗純　原田正俊
蓮如　岡村喜史

戦国・織豊

北条早雲　家永遵嗣
毛利元就　岸田裕之
毛利輝元　光成準治
*今川義元　小和田哲男
*武田信玄　笹本正治
*武田勝頼　笹本正治
*真田氏三代　笹本正治
三好長慶　天野忠幸
*宇喜多直家・秀家　渡邊大門
*上杉謙信　矢田俊文
島津義久・義弘　福島金治
吉田兼倶　西山　克
山科言継　松薗　斉
*雪村周継　赤澤英二
織田信長　三鬼清一郎
豊臣秀吉　藤井讓治
*北政所おね　田端泰子
*淀殿　福田千鶴
前田利家　東四柳史明
*黒田如水　小和田哲男
蒲生氏郷　藤田達生
*細川ガラシャ　田端泰子
伊達政宗　伊藤喜良
*支倉常長　田中英道
ルイス・フロイス　エンゲルベルト・ヨリッセン
*長谷川等伯　宮島新一
顕如　神田千里

江戸

徳川家康　笠谷和比古
徳川家光　野村　玄
徳川吉宗　横田冬彦
*後水尾天皇　久保貴子
光格天皇　藤田　覚
崇伝　杣田善雄
春日局　福田千鶴
*池田光政　倉地克直
シャクシャイン　岩崎奈緒子
*田沼意次　藤田　覚
*二宮尊徳　小林惟司
末次平蔵　岡美穂子
*高田屋嘉兵衛　生田美智子
林羅山　鈴木健一
吉野太夫　渡辺憲司
中江藤樹　辻本雅史
山崎闇斎　澤井啓一
山鹿素行　前田　勉
*北村季吟　島内景二
貝原益軒　辻本雅史
松尾芭蕉　楠元六男
*ケンペル　B・M・ボダルト＝ベイリー
荻生徂徠　柴田　純
*雨森芳洲　上田正昭
石田梅岩　高野秀晴
前野良沢　松田　清
平賀源内　石上　敏
本居宣長　田尻祐一郎
杉田玄白　吉田　忠
上田秋成　佐藤深雪
木村蒹葭堂　有坂道子
*大田南畝　沓掛良彦
菅江真澄　赤坂憲雄
*鶴屋南北　諏訪春雄
良寛　阿部龍一
*山東京伝　佐藤至子
*滝沢馬琴　高田　衛
平田篤胤　山下久夫
シーボルト　宮坂正英
本阿弥光悦　岡　佳子
小堀遠州　中村利則
狩野探幽・山雪　山下善也
尾形光琳・乾山　河野元昭
*二代目市川團十郎　田口章子
与謝蕪村　佐々木丞平
伊藤若冲　狩野博幸
鈴木春信　小林　忠
円山応挙　佐々木正子
*佐竹曙山　成瀬不二雄
葛飾北斎　岸　文和
酒井抱一　玉蟲敏子
孝明天皇　青山忠正
*和宮　辻ミチ子
徳川慶喜　大庭邦彦
島津斉彬　原口　泉

＊古賀謹一郎　小野寺龍太
＊栗本鋤雲　小野寺龍太
塚本明毅　塚本　学
＊月　性　海原　徹
＊吉田松陰　海原　徹
＊高杉晋作　海原　徹
ペリー　遠藤泰生
オールコック　佐野真由子
アーネスト・サトウ　奈良岡聰智
緒方洪庵　米田該典
冷泉為恭　中部義隆

近代

＊明治天皇　伊藤之雄
＊大正天皇　F・R・ディキンソン
＊昭憲皇太后・貞明皇后　小田部雄次
大久保利通　三谷太一郎
山県有朋　鳥海　靖
木戸孝允　落合弘樹
井上　馨　伊藤之雄
＊松方正義　室山義正
北垣国道　小林丈広

板垣退助　小川原正道
長与専斎　笠原英彦
大隈重信　五百旗頭薫
伊藤博文　坂本一登
井上　毅　大石　眞
井上　勝　老川慶喜
＊桂　太郎　小林道彦
渡辺洪基　瀧井一博
＊乃木希典　佐々木英昭
林　董　君塚直隆
＊児玉源太郎　小林道彦
＊高宗・閔妃　木村　幹
山本権兵衛　室山義正
高橋是清　鈴木俊夫
小村寿太郎　簑原俊洋
＊犬養　毅　小林惟司
加藤高明　櫻井良樹
加藤友三郎・寛治　麻田貞雄
牧野伸顕　小宮一夫
田中義一　黒沢文貴
内田康哉　高橋勝浩
石井菊次郎　廣部　泉
平沼騏一郎　堀田慎一郎
宇垣一成　北岡伸一
宮崎滔天　榎本泰子
＊浜口雄幸　川田　稔

幣原喜重郎　西田敏宏
関　一　玉井金五
水野広徳　片山慶隆
広田弘毅　井上寿一
安重根　上垣外憲一
＊グルー　廣部　泉
＊永田鉄山　森　靖夫
東條英機　牛村　圭
今村　均　前田雅之
蔣介石　劉　岸偉
石原莞爾　山室信一
木戸幸一　波多野澄雄
＊岩崎弥太郎　武田晴人
伊藤忠兵衛　末永國紀
五代友厚　田付茉莉子
大倉喜八郎　村上勝彦
＊安田善次郎　由井常彦
渋沢栄一　武田晴人
山辺丈夫　宮本又郎
武藤山治　阿部武司・桑原哲也
西原亀三　森川正則
小林一三　橋爪紳也
大倉恒吉　石川健次郎
大原孫三郎　猪木武徳
＊河竹黙阿弥　今尾哲也
イザベラ・バード　加納孝代

＊林　忠正　木々康子
森　鷗外　小堀桂一郎
二葉亭四迷　ヨコタ村上孝之
夏目漱石　佐々木英昭
巌谷小波　千葉信胤
樋口一葉　佐伯順子
島崎藤村　十川信介
泉　鏡花　東郷克美
有島武郎　亀井俊介
永井荷風　川本三郎
北原白秋　平石典子
菊池　寛　山本芳明
宮澤賢治　千葉一幹
正岡子規　夏石番矢
高浜虚子　坪内稔典
与謝野晶子　佐伯順子
＊種田山頭火　村上　護
＊斎藤茂吉　品田悦一
＊高村光太郎　湯原かの子
萩原朔太郎　エリス俊子
＊原阿佐緒　秋山佐和子
＊狩野芳崖・高橋由一　古田　亮
竹内栖鳳　北澤憲昭
黒田清輝　高階秀爾

中村不折　石川九楊
横山大観　高階秀爾
＊橋本関雪　西原大輔
小出楢重　芳賀　徹
土田麦僊　天野一夫
岸田劉生　北澤憲昭
松旭斎天勝　川添　裕
中山みき　鎌田東二
佐田介石　谷川　穣
ニコライ　中村健之介
出口なお・王仁三郎　川村邦光
島地黙雷　阪本是丸
＊新島　襄　太田雄三
木下広次　冨岡　勝
嘉納治五郎　クリストファー・スピルマン
津田梅子　田中智子
＊澤柳政太郎　新田義之
河口慧海　高山龍三
山室軍平　室田保夫
大谷光瑞　白須淨眞
＊久米邦武　髙田誠二
フェノロサ　伊藤　豊
三宅雪嶺　長妻三佐雄
＊岡倉天心　木下長宏
志賀重昂　中野目徹
德富蘇峰　杉原志啓

竹越與三郎　西田　毅
内藤湖南・桑原隲蔵　礪波　護
岩村　透　今橋映子
西田幾多郎　大橋良介
金沢庄三郎　石川遼子
上田　敏　及川　茂
柳田国男　鶴見太郎
厨川白村　張　競
大川周明　山内昌之
西田直二郎　林　淳
折口信夫　斎藤英喜
九鬼周造　粕谷一希
辰野　隆　金沢公子
シュタイン　瀧井一博
*西　周　清水多吉
*福澤諭吉　平山　洋
福地桜痴　山田俊治
田口卯吉　鈴木栄樹
*陸　羯南　松田宏一郎
黒岩涙香　奥　武則
宮武外骨　山口昌男
*吉野作造　田澤晴子
野間清治　佐藤卓己
山川　均　米原　謙
岩波茂雄　十重田裕一
*北　一輝　岡本幸治
中野正剛　吉田則昭
満川亀太郎　福家崇洋
杉　亨二　速水　融
*北里柴三郎　福田眞人
田辺朔郎　秋元せき
*南方熊楠　飯倉照平
寺田寅彦　金森　修
石原　純　金子　務
J・コンドル　鈴木博之
辰野金吾　河上真理・清水重敦
*七代目小川治兵衛　尼崎博正
ブルーノ・タウト　北村昌史

現代

昭和天皇　御厨　貴
高松宮宣仁親王　後藤致人
*李方子　小田部雄次
吉田　茂　中西　寛
マッカーサー　柴山　太
石橋湛山　増田　弘
重光　葵　武田知己
市川房枝　村井良太
*池田勇人　藤井信幸
高野　実　篠田　徹
和田博雄　庄司俊作
朴正熙　木村　幹
竹下　登　真渕　勝
*松永安左エ門　橘川武郎
鮎川義介　井口治夫
*出光佐三　橘川武郎
松下幸之助　米倉誠一郎
渋沢敬三　井上　潤
*本田宗一郎　伊丹敬之
井深　大　武田　徹
佐治敬三　小玉　武
幸田家の人々　金井景子
*正宗白鳥　大嶋　仁
大佛次郎　福島行一
*川端康成　大久保喬樹
*薩摩治郎八　小林　茂
松本清張　杉原志啓
安部公房　成田龍一
*三島由紀夫　島内景二
R・H・ブライス　菅原克也
金素雲　林　容澤
柳　宗悦　熊倉功夫
バーナード・リーチ　鈴木禎宏
イサム・ノグチ　酒井忠康
川端龍子　岡部昌幸
藤田嗣治　林　洋子
*井上有一　海上雅臣
*手塚治虫　竹内オサム
山田耕筰　後藤暢子
古賀政男　藍川由美
*吉田　正　金子　勇
武満　徹　船山　隆
*力道山　岡村正史
*西田天香　宮田昌明
安倍能成　中根隆行
サンソム夫妻　平川祐弘・牧野陽子
和辻哲郎　小坂国継
矢代幸雄　稲賀繁美
石田幹之助　岡本さえ
*平泉　澄　若井敏明
安岡正篤　片山杜秀
島田謹二　小林信行
前嶋信次　杉田英明
保田與重郎　谷崎昭男
福田恆存　川久保剛
井筒俊彦　安藤礼二
佐々木惣一　松尾尊兊
*瀧川幸辰　伊藤孝夫
矢内原忠雄　等松春夫
福本和夫　伊藤　晃
*フランク・ロイド・ライト　大久保美春
大宅壮一　有馬　学
今西錦司　山極寿一

*は既刊
二〇一二年六月現在